Autorinnenteam

Haushalten mit Pfiff

Interkantonales Lehrmittel
für den Hauswirtschaftsunterricht

Interkantonale Lehrmittelzentrale
Lehrmittelverlag des Kantons Zürich

Lehrmittel der Interkantonalen Lehrmittelzentrale

Autorinnenteam:
Beatrice Cukanic-Gächter, SG
Marianne Grossniklaus, BE
Cornelia Wildhaber, ZH

Beratende Kommission:
Corina Brühwiler, SG
Margrit Hedinger, ZH
Ingeborg Kàlmàn, ZH
Verena Krebs, BE
Margrit Rutz, SG
Heidi Streiff, BE
Ursula Würmlin, BS

Grafische Gestaltung und Illustrationen:
Daniel Lienhard

Fotos:
Sonderegger + Kniel

Herausgeber:
Interkantonale Lehrmittelzentrale
Lehrmittelverlag des Kantons Zürich
in Koproduktion mit dem
schulverlag blmv AG, Bern

6. Ausgabe 2005, überarbeitet (2001)
Printed in Switzerland
ISBN 3-03713-111-X
www.lehrmittelverlag.com

Inhaltsverzeichnis

Sinn und Aufgaben des Haushalts

Umwelt und Haushalt

Wohnen

Einrichten und gestalten

Wohnen mit Pflanzen

Wohnen mit Pflanzen

Werkstoffe und Einrichtungsgegenstände

Rund um den Tisch

Küche und Kücheninventar

Arbeitsplatz Haushalt

Inhaltsverzeichnis

Bekleidung

Waschen und pflegen

Kleidung und Mode

Wirtschaft, Geld, Konsum

Unterrichtsteil

Sinn und Aufgaben des Haushalts

Haushalt

 → 80/81

Stimmen diese Aussagen?

Suche zu jeder Behauptung konkrete Beispiele.

Inserate …

in absolut selbstständiger Position.
Vielseitige, kreative Tätigkeit, verantwortungsvolle und erfüllende Aufgabe.
Sie teilen Ihren Arbeitstag nach Ihren Bedürfnissen ein, Sie haben vielfach Gelegenheit zu Kontakten mit Erwachsenen und Kindern, Sie haben auch Zeit, Hobbys zu pflegen.
Näheres unter Chiffre 20251
kleiner Familienbetrieb sucht:
Erzieherin
Aufgabenhilfe
Köchin
Wäscherin
Putzfrau
Näherin
möglichst in einer Person
Interessenten melden sich bitte bei Hans

… wie sie nicht im Stellenanzeiger stehen

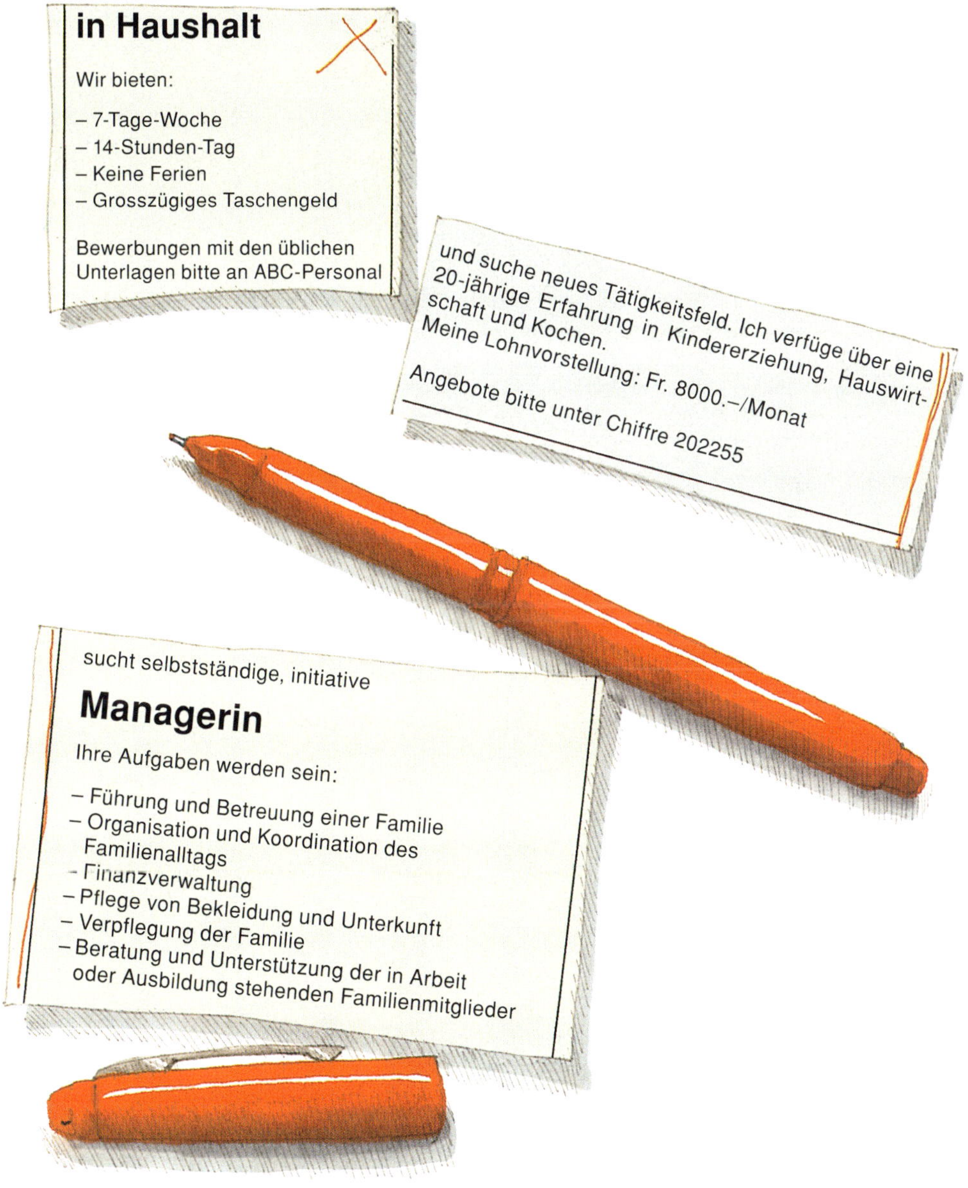

Umwelt und Haushalt

Umweltbewusstes Verhalten im Haushalt

Der Mensch ist eng mit der Umwelt verbunden.

Täglich verbraucht er Güter und Energie – täglich produziert er Abfälle.

Dadurch ist jeder Haushalt an der Umweltbelastung mitbeteiligt.

Wo in diesem Haus werden Güter, wo wird Energie verbraucht, wo entstehen Abfälle?

Wo überall wird dadurch die Umwelt belastet?

Überdenke dein Verhalten. Wie und wo kannst du einen persönlichen Beitrag leisten?

→ 84–87

Wohnen

Wo ich mich wohl fühle

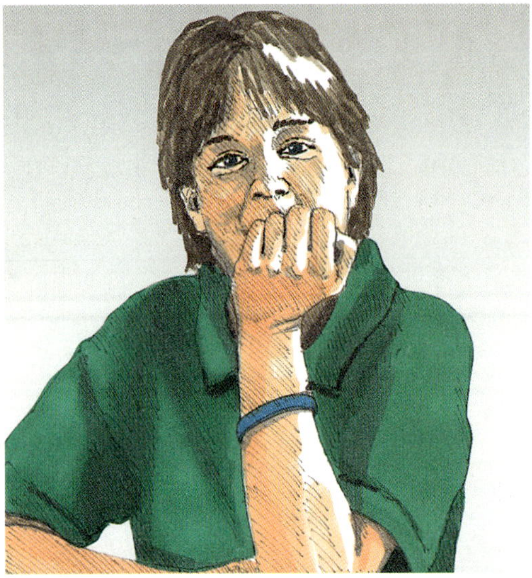

«Ich bin am liebsten in der Wohnung meiner Freundin Maria. Sie wohnt mit ihren Eltern eigentlich in einer viel kleineren Wohnung als ich. Und es herrscht dort auch immer ein ziemliches Durcheinander. Die Nachtessen sind immer so gemütlich und lustig. Wir sitzen dann lange in der Küche und reden über alles.»

«Ich fühle mich am wohlsten in der Wohnung meiner ältesten Schwester. Sie ist schon verheiratet und wohnt mit ihrem Mann in einer neuen Siedlung. Dort haben sie eine grosse Wohnung. Die Wände sind weiss, und es stehen nur wenige, supermoderne Möbel herum. Vor dem Cheminée liegt ein weicher, weisser Teppich. Dort liegen wir jeweils und hören Musik aus der ferngesteuerten Stereoanlage oder sehen gemütlich fern.»

Offenbar fühlen sich verschiedene Leute an ganz verschiedenen Orten wohl. Wie ist das bei dir? Wo fühlst du dich am wohlsten?

Was macht es denn aus, dass es euch in einer bestimmten Wohnung gefällt?

Sammelt die verschiedenen Meinungen und stellt sie zu einer Liste zusammen. Es wird übersichtlicher, wenn ihr die Beiträge nach zwei Gruppen ordnet.

 → 90

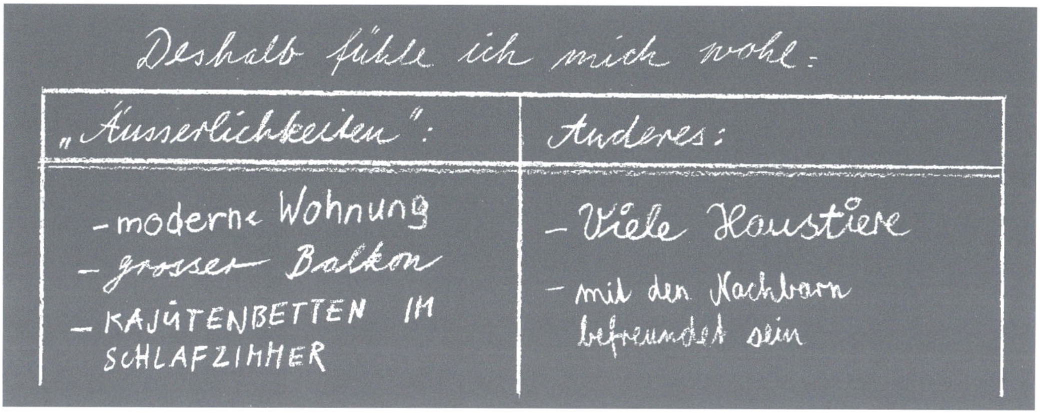

Eine befriedigende Wohnumgebung braucht beides: Die äusseren Bedingungen müssen stimmen, aber ebenso muss das Zusammenleben angenehm sein. Betrachten wir nun die äusseren Wohnbedingungen etwas genauer:

In den Ferien genügt uns schon ein Zelt. Auf die Dauer aber ist diese Unterkunft für unsere Lebensweise ungenügend.

Ein Wohnmobil wäre da vielleicht schon etwas geeigneter. Aber auch es hat Nachteile. Wo soll der Vater zum Beispiel seine Eisenbahnanlage aufstellen?

Wohnen ist mehr als Essen und Schlafen

Wohnen ist sogar mehr, als diese Zeichnung zeigt.
Was ist «wohnen» denn noch?
Was fehlt dir auf der Zeichnung?

Eine Wohnung muss den verschiedensten Tätigkeiten Raum bieten.

Wer eine Wohnung sucht, muss deshalb besonders genau wissen, was er braucht und will.
Wer das weiss, kann besser entscheiden.

→ 90

WASH
COLLE

Wohnung gesucht

Allein stehender Musiker, 36 Jahre, sucht Wohnung

Pianist, übt viel und erteilt Klavierstunden. Ist, was die Ausstattung der Wohnung betrifft, nicht besonders anspruchsvoll. Er bevorzugt natürlich eine ruhige Wohnlage.

Junges Paar, 22 und 23 Jahre, verlobt, sucht Wohnung

Sie arbeitet als Verkäuferin in einer Kleiderboutique, er ist Maschinenzeichner. Beide sind sportlich und pflegen verschiedene Sportarten. Sie möchten nicht allzu weit von Kino und Disco entfernt wohnen. Da beide gut verdienen, ist die Höhe der Miete Nebensache.

Ehepaar mit zwei kleinen Kindern sucht Wohnung

Sie, Hausfrau und Mutter, möchte eine praktische Wohnung, die auch für die Kinder gut geeignet ist. Er ist Computerspezialist und möchte gerne ein eigenes Arbeitszimmer. Beiden ist wichtig, dass ihre Kinder gesund und natürlich aufwachsen können.

Familie mit fünf Kindern sucht günstige Wohnung

Die sehr aktive und unkomplizierte Familie sucht eine passende Wohnung. Der Vater würde wenn nötig einen längeren Arbeitsweg in Kauf nehmen. Den Eltern ist wichtig, dass die Kinder Auslauf haben. Mädchen und Buben sind grosse Bastler und wünschen sich einen Werkraum.

Wohngemeinschaft, aus 5 Personen bestehend, sucht Wohnung

Eine Gruppe junger Leute sucht eine Wohnung mit mindestens 4 Zimmern. Am liebsten würden sie den Ausbau der Wohnung nach ihren Vorstellungen selber machen. Mindestens ein Raum müsste sehr geräumig sein, da er als Gemeinschaftsraum benutzt werden soll.

→ 90/91

Familie mit behindertem Jugendlichen sucht geeignete Wohnung

Obwohl der 14-jährige Sohn des Ehepaars die Woche über in einem Schulheim lebt, wünschen sich seine Eltern doch eine Wohnung, die rollstuhlgängig ist. Die Mutter arbeitet halbtags in einem Warenhaus, der Vater ist Bankangestellter. Beiden ist wichtig, dass sie einen kurzen Arbeitsweg in die Stadt haben.

Rentnerehepaar, 66 und 68, sucht Wohnung

Sie ist eine aktive Frau, die sich noch gern in der Gemeinde nützlich macht. Sie möchte möglichst zentral wohnen. Er ist ein begeisterter Hobbygärtner, der am liebsten einen kleinen Garten direkt vor dem Haus hätte. Er wäre aber auch mit einem Schrebergarten zufrieden. Da beide von der Rente leben, sollte die Miete nicht zu hoch sein.

Junger Manager, 33, sucht passende Wohnung

Er lebt zurzeit mit einer Freundin zusammen. Er sucht eine Wohnung, die seinem Lebensstil entspricht: Er liebt italienische Autos, gepflegtes Essen und Rassenhunde. Obwohl er oft unterwegs ist, legt er Wert auf eine grosszügige Wohnung. Höhe der Miete unwichtig.

Familie mit zwei Kindern im Schulalter sucht Wohnung

Der Vater, der in der Stadt arbeitet, ist auf eine relativ stadtnahe Wohnung angewiesen. Die Mutter möchte aber wenn möglich nicht in einer grossen Überbauung wohnen, wo man die Nachbarn nicht kennt.

Junge Drogistin (19) sucht Wohnung

Die junge Frau ist wegen ihrer neuen Arbeitsstelle gezwungen, in eine eigene Wohnung zu ziehen. Sie hat von ihrer Wohnung keine genauen Vorstellungen, aber sie möchte auf jeden Fall ihre beiden Katzen mitnehmen können.

Mutter mit zwei Kindern sucht Wohnung

Allein erziehende Mutter mit zwei Kindern (15 und 18 Jahre) ist gezwungen, einer Teilzeitarbeit nachzugehen. Sie arbeitet als Verkäuferin im Stadtzentrum und ist auf eine günstige Wohnung angewiesen.

Wohnraum zu vermieten

	1-Zimmer-Wohnung in Wohnblock im Dorf (25 km von der Stadt entfernt)	2-Zimmer-Wohnung in Grossüberbauung am Stadtrand	3-Zimmer-Wohnung in Genossenschafts-siedlung (städtisches Aussenquartier)
Miete?	günstige Miete	Miete durchschnittlich	günstige Miete
Ausstattung?	grosses Zimmer mit Kochnische	moderne Ausstattung	einfache Ausstattung
Stockwerk?	liegt im 1. Stock, kein Lift	im 11. Stock (Lift), schöne Aussicht	Parterrewohnung
Balkon/Garten?	grosser Balkon	kleiner Balkon	Sitzplatz
Besonderes?	gemeinsame Waschküche	Waschküche, Bastelraum, Gemeinschaftsraum	keine Haustiere
Parkplätze?	Parkplatz vor dem Haus	Tiefgarage und Velo-keller	eigener Parkplatz
Verkehrsverbindungen?	Bahnverbindung in die Stadt (30 Min. Fahrt)	gute Busverbindungen in die Stadtmitte	Tramverbindungen in die Innenstadt
Läden?	Lebensmittelladen, Schuhmacher, Coiffeur im Dorf	Supermarkt und diverse Läden in der Überbauung	diverse Quartierläden
Schulen?	Schulhaus im Dorf	Schulhaus in der Überbauung (5 Min.)	Schulhaus liegt gerade gegenüber
Spielplätze?	Wiesen und Wald in der Nähe	Robinsonspielplatz über der Tiefgarage	kleiner Spielplatz mit Sandhaufen, nahe
Freizeit/Sport?	Badeanstalt im Dorf, Skigebiet 20 Min.	Tennis und Squash, Bademöglichkeit in der Überbauung	Vita-Parcours zu Fuss, 20 Min. entfernt
Wohnlage?	sonnige Lage	ruhige Wohnlage	starker Autolärm, im Winter wenig Sonne

 → 90/91

4-Zimmer-Altbauwohnung in Kleinstadt (15 km von der Stadt entfernt)	4½-Zimmer-Reihenhaus auf dem Land (Vorort einer Grossstadt)	5-Zimmer-Wohnung in altem Gewerbehaus in kleinem Weiler, 40 km von der Stadt	6-Zimmer-Wohnung in Bauernhaus-Teil
günstige Miete	relativ teure Miete	sehr günstige Miete	günstige Miete
einfache Ausstattung, dafür sehr geräumige Zimmer	einfach, aber zweckmässig ausgestattet	kein Komfort, Ölofen-Heizung, grosse Zimmer	nicht alle Zimmer heizbar, Räume noch ausbaubar
liegt im 2. Stock, kein Lift	zweistöckige Wohnung	3. Stock, kein Lift	dreistöckige Wohnung mit grossem Estrich
kein Balkon, kleiner Vorgarten	eigener Garten, grosser Sitzplatz	kein Balkon, kein Garten	sehr grosser Garten, grosser Vorplatz
			Haustiere erlaubt
Trottoir-Parkplatz	Gemeinschaftsgarage	Parkierungsmöglichkeiten bei benachbarter Schreinerei	Schuppen als Parkierungsmöglichkeit
Bus- und Bahnverbindung in die nächste grosse Stadt	nur Bahnverbindung in die Stadt oder Auto	Verbindung in die Stadt mit Schmalspurbahn	spärliche Postautoverbindung zum nächsten Bahnhof
zum Shoppingcenter nur 4 Busstationen	Dorfladen für Lebensmittel	Lebensmittelladen im Parterre des Hauses	kein Laden im Dorf, Einkauf per Auto
Schulhaus 10 Min.	Schulhaus im Dorf, Oberstufe: Nachbardorf	Schulhäuser in der Nähe	Schulhaus mit Velo im Nachbardorf erreichbar
ruhige Strasse als Spielort für Kinder	Garten, Wiesen, naher Wald als Spielplätze	Fussballplatz ganz nahe	See und Wald ganz in der Nähe
neues Hallenbad im Zentrum	schöne Spazierwege	Sporthalle und Schwimmbad in der Nähe	Bademöglichkeit im See, schönes Langlaufgebiet
	sehr sonnig, lärmig, da Autobahn in unmittelbarer Nähe	lärmige Wohnlage (Eisenbahnlinie, Schreinerei, Flugschneise)	ruhige Wohnlage, sonnig, aber etwas windig

Ich richte mein Zimmer ein

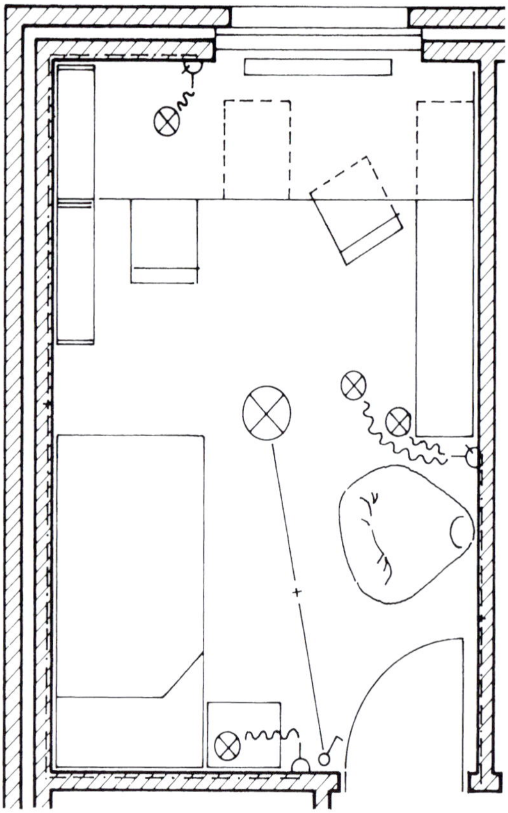

Steckbrief:

Tobi ist 15 Jahre alt. Sein Hobby ist die Modellfliegerei. Zusammen mit seinem Freund bastelt er oft Modellflugzeuge. Wenn er allein ist, hört er meist Musik oder liest Krimis. Ab und zu muss er natürlich auch Hausaufgaben erledigen. Sein Zimmer teilt er mit dem einjährigen Hamster John.

Wie Tobis Zimmer eingerichtet ist, zeigt die nächste Seite.

Stelle auch für dich einen kurzen Steckbrief zusammen und richte danach dein Zimmer ein.

Und dies ist sein Zimmer im Grundriss (Massstab 1:50):

Grundrissdarstellungen eignen sich am besten zum Ausprobieren verschiedener Möblierungen. Wie eine Einrichtung schliesslich auf die Bewohner wirkt, ist aus dem Grundriss nur schwer herauszulesen.

Schau dir deshalb Tobis Zimmer genau an und vergleiche mit der Grundriss-Zeichnung.

Wir richten eine Wohnung ein

Wir ziehen am 1. Juni in eine 3½-Zimmer-Wohnung in der Überbauung Sunnmatt. Wir haben die Wohnung sorgfältig ausgesucht und möchten die nächsten paar Jahre dort wohnen bleiben. Wir müssen vorerst nicht allzu viel neu anschaffen: Aus unserer letzten Wohnung haben wir noch eine Polstergruppe, eine schöne Wohnwand, eine ganze Schlafzimmereinrichtung. Das Wichtigste ist, dass wir eine gemütliche Wohnung haben, in der wir uns nach der Arbeit zurückziehen können.

Wir ziehen am 1. Juni in eine 3½-Zimmer-Wohnung in der Überbauung Sunnmatt. Diese Wohnung haben wir eher zufällig gefunden. Wo wir wohnen, ist derzeit nicht so wichtig, für uns ist das jetzt nur eine Übergangslösung. Wir wollen nicht allzu viel anschaffen: lieber eine Tischplatte mit Böcken als ein teurer, sperriger Tisch, lieber einfache Holzgestelle als riesige Schränke. Das Wichtigste ist, dass wir eine unkomplizierte Wohnung haben, wo wir auch leicht eine Menge Freunde zu Besuch haben können.

→ 92–97

Die Wohnung

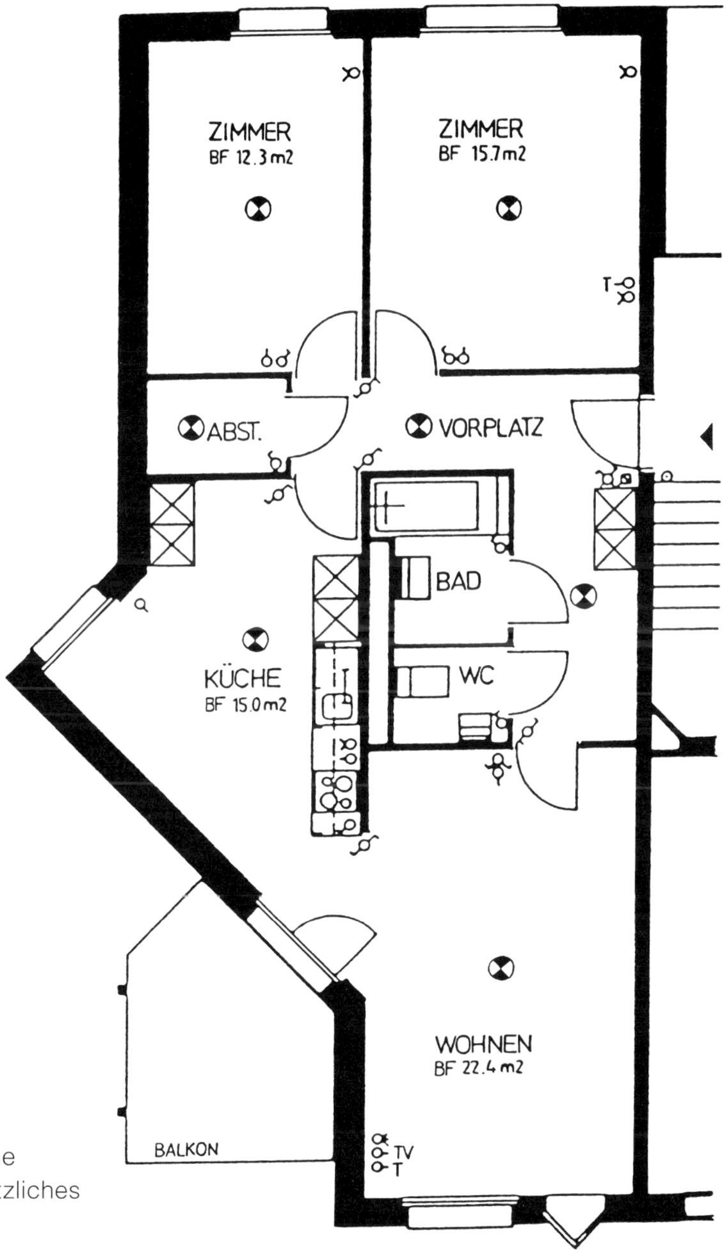

Hier der Grundriss der 3½-Zimmer-Wohnung im Massstab 1:100.

Da die Küche als Wohnküche gebaut ist, wird sie als zusätzliches halbes Zimmer gezählt.

Die Möbel

Der Grundriss zeigt zwar die Fläche, die ein Möbelstück benötigt, nicht aber seine Höhe. Beim Bett fällt dies weniger ins Gewicht als beispielsweise bei Schrank oder Büchergestell.

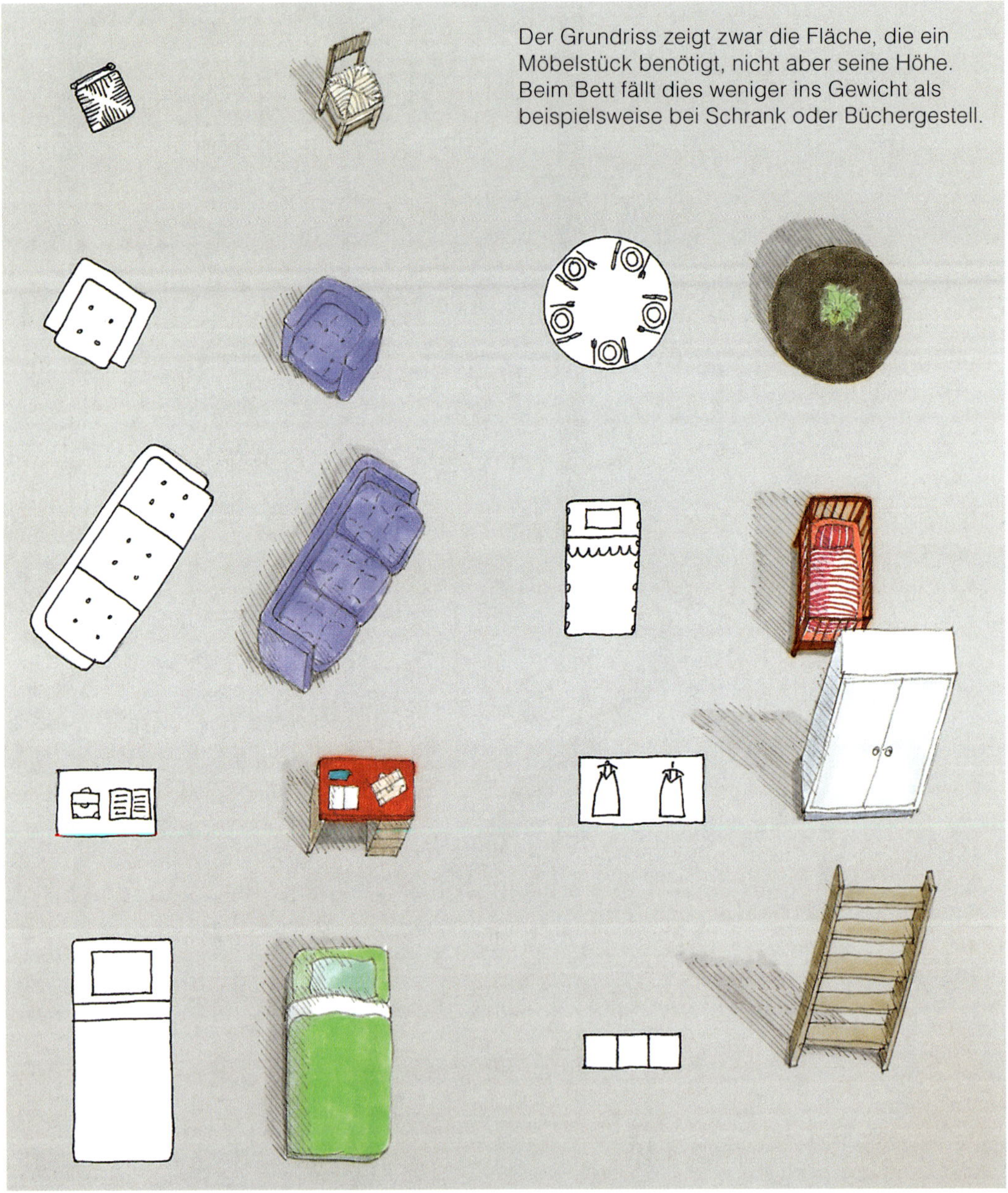

→ 94–97

Wohnen braucht mehr als nur Möbel

Zweimal das gleiche Zimmer.
Einmal «nur» möbliert ...

... und einmal wohnlich eingerichtet ...

Wo liegen denn die Unterschiede?
Welche Elemente machen diesen Raum erst wohnlich?
Was macht dein Zimmer gemütlich?

Spiel mit Licht

Das Zimmer ohne Licht.

Hier brennt nur das Arbeitslicht.

Hier ist das Stimmungslicht eingeschaltet …

… und hier das Allgemeinlicht, die Deckenleuchte.

→ 98

Spiel mit Farbe

Ob ein Raum kühl oder gemütlich, ...

... anregend oder beruhigend wirkt, ...

... hängt vor allem von den Farben ab, die darin vorherrschen.

→ 100–102

Wohnen braucht Menschen

Farbe, Form, Licht und Material beeinflussen die Raumgestaltung. Die Wohnatmosphäre wird von den jeweiligen Bewohnern bestimmt und geprägt.

→ 80

Alles aus Plastik

Einrichten ist ja schön und gut, aber:
- Teppiche muss man staubsaugen
- Vorhänge können vergilben
- Holzmöbel können zerkratzt werden
- und was, wenn jemand eine Tasse Kaffee auf das Ledersofa leert?

Damit ist nun Schluss: In der hier gezeigten Wohnung ist alles aus Plastik – Boden und Wände, Tische und Stühle, Teppiche und Vorhänge, Bilder und Pflanzen.
Da wird auch die Frühjahrsreinigung zum Vergnügen. Mit dem Gartenschlauch wird einfach sauber gemacht, dann Fenster auf und trocknen lassen. Ist das nicht schön?

Schön?

Auf praktische, pflegeleichte Werkstoffe zu achten, ist wohl vernünftig, aber deswegen muss noch lange nicht alles aus Plastik sein. Wo sind welche Materialien sinnvoll? Worauf muss man bei der Auswahl achten? Wie kann man sich informieren?

→ 95, 114–116

Einen Arbeitstisch auswählen

Für den Innenausbau von Wohnungen, Schulhäusern, Büros, Spitälern und ihren Möblierungen werden viele, zum Teil ganz verschiedene Werkstoffe verwendet.

Werkstoffübersicht
Bekannte Werkstoffe sind: Holz, Kunststoff, Stein …

Beim Durchblättern von Möbelprospekten und Lesen von Möbelbeschreibungen werden weitere Werkstoffe erwähnt. Die Werkstoffliste kann ergänzt werden:

- Holz
- Kunststoff
- Stein
- Glas
- Metall
- …
- …

Tobi darf für sein Zimmer einen neuen Arbeitstisch aussuchen. Welche Überlegungen sollte er sich machen?
Zum Beispiel:

- Welche Tätigkeiten will ich am Tisch ausführen? (Schulaufgaben, Hobbys, Basteln, Zeichnen, kleinen Schraubstock montieren …)
- Brauche ich spezielle Ausführungen? (Schubladen, Türchen, Geheimfach, Tischblattgrösse, Hängeregistratur …)
- Aus welchem Material soll er sein? (Holz, Kunststoff …)
- Wie gross muss/darf er sein?
- Welche Farbe passt ins Zimmer?
- Wie viel Geld steht mir zur Verfügung?

Beispiele von Möbelinseraten
Solchen Begriffen kann Tobi beim Durchblättern von Prospekten begegnen:

Tische aus Spezialfaserplatten MDF
in 3 Grössen und Farben
Schwarz, Weiss oder Rot lackiert
beliebig kombinierbar

Novita-Rolltisch
Design: Karin Mobrina
- Massivholz
- Spanplatte
- weiss lackiert
- 58 x 45 cm, 51 cm

Korpus Spanplatte beschichtet Mahagonistruktur	Korpus Spanplatte weiss beschichtet

KOSTER-Tisch
Design: Herr Dani
Tischplatte: Kiefer massiv, klarlackbehandelt
Fuss: Chromnickelstahl hochglanz

Studio-Programm RENÉ –
Folie Eichenstruktur
…

DOVRE-Tisch
Gestell weisslackiert, Platte
mit weissem Melamin beschichtet.
Er ist 74 cm hoch und mit
70 x 80 cm bietet er Platz für vier.
Seine Klappen vergrössern ihn auf
140 x 80 cm …

Die Werkstoffübersicht im Fachteil hilft Klarheit schaffen.

→ 114–116

Mittagstisch

Nach vier Stunden Schule hat Tobi einen Riesenhunger.

Wenn es jetzt nach ihm ginge: Schulmappe in die Ecke und sofort an den Tisch!

Aber es kommt anders. Der Tisch ist noch nicht einmal gedeckt. Dafür tönt es «Tobi, Tisch decken!» aus der Küche.

Tobis Mutter ist sonst ziemlich unkompliziert, aber beim Tischdecken hat sie ihre Grundsätze: «Ich will, dass unser Tisch recht aussieht! Wir sind keine Hamburger-Bude, wo man im Stehen und aus Papiertellern isst.»

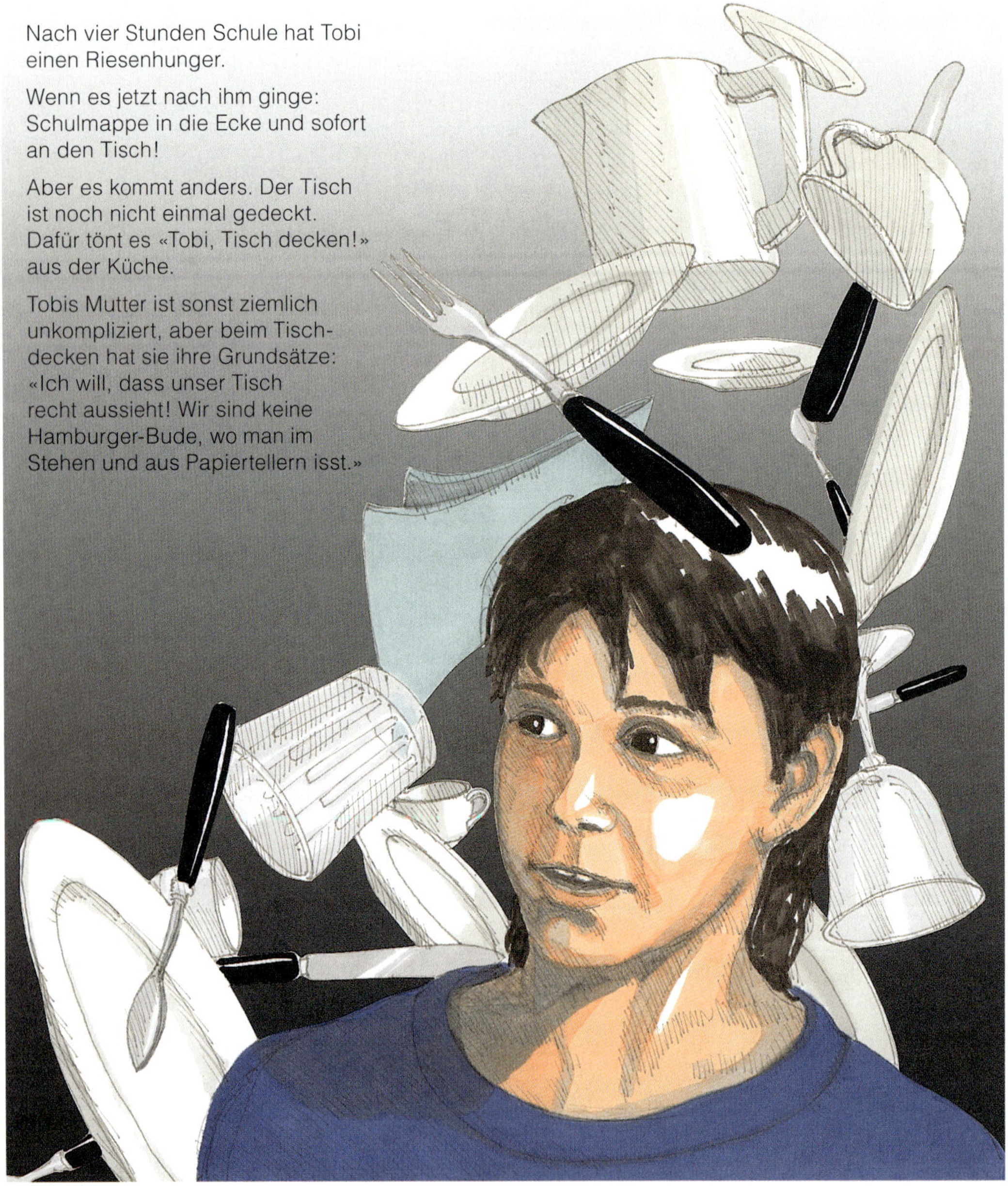

→ 130

Benimm-Zwickmühlen im Alltag

Du bist von den Eltern deines Freundes/deiner Freundin zu einem Kennenlern-Essen eingeladen worden, einem feierlichen Abendessen mit mehreren Gängen. Als Vorspeise gibt es Fischsuppe. Du findest Fisch aber absolut eklig …

Wie reagierst du? Warum?

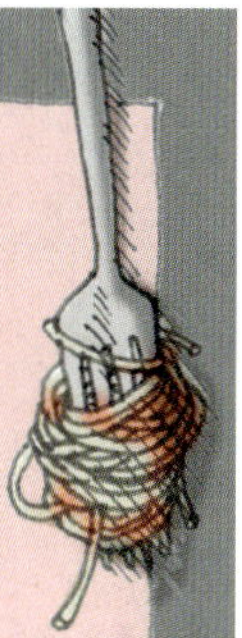

Du hast mit einer Kollegin eine Abschlussparty organisiert. Spaghetti mit verschiedenen Saucen, das mögen alle. Deine Kollegin will Messer und Gabeln tischen, du aber Gabeln und Löffel …

Wie reagierst du? Warum?

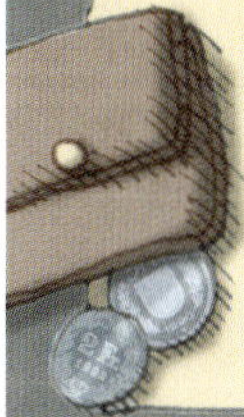

Du hast deine neue Freundin zum Essen eingeladen. Sie bestellt nach Herzenslust verschiedene Sachen. Du hast eigentlich gedacht, es bleibe bei einer Pizza und merkst, dass du gar nicht genug Geld dabei hast, wenn sie so weiter macht …

Wie reagierst du? Warum?

Du triffst dich mit deinem künftigen Lehrmeister über Mittag in einem Restaurant. Dein Chef ist ein starker Raucher. Du bist noch nicht fertig mit Essen, als er sich bereits eine Zigarette anzündet …

Wie reagierst du? Warum?

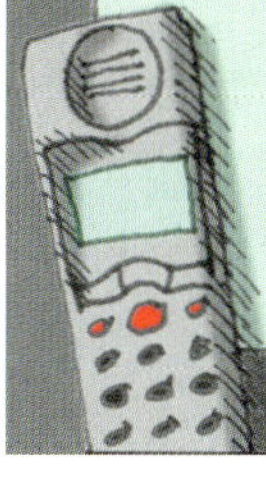

Du sitzt mit deiner Kollegin/deinem Kollegen und deren/dessen Eltern am Tisch. Das Essen duftet herrlich und du hast einen Bärenhunger. Da klingelt das Telefon, der Vater steht auf. Du wolltest gerade mit essen beginnen …

Wie reagierst du? Warum?

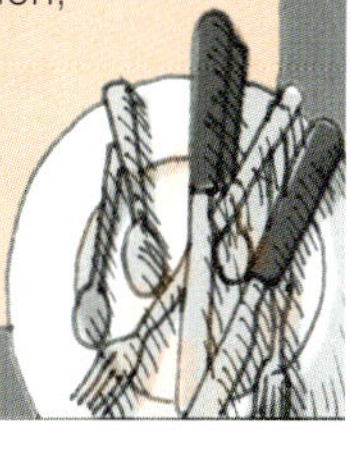

Du hast dich auf das traditionelle Familienessen gefreut. Es macht immer Spass, wenn deine Cousins und Cousinen dabei sind. Nach dem Essen müsste eigentlich das Geschirr abgeräumt werden, aber du möchtest dich jetzt lieber weiter unterhalten …

Wie reagierst du? Warum?

Gastfreundschaft: Einladung

Datum/Zeit:
12. August, 19.00 Uhr

Ort:
Wohnung von Michael und Nina Gerber

Grund der Einladung:
Michael (Gastgeber): «Alle unsere Nachbarn sind – wie wir – neu zugezogen. Wir wollten sie einfach einmal näher kennen lernen.»

Wie wurde eingeladen?
Nina (Gastgeberin): «Ich habe eine kleine Einladung gezeichnet, Michael hat sie im Geschäft kopiert. Dann habe ich sie den Nachbarn persönlich vorbeigebracht.»

Welche Vorbereitungen mussten getroffen werden?
Michael: «Nina wollte ein festliches Essen machen. Sie arrangiert gern schöne Tische mit Blumen, Kerzen usw., sodass alles zusammenpasst.»

Nina: «Ich koche gern für viele Leute, weil es Menüs gibt, die ich für uns zwei nie machen kann. Und da Michael auch gerne kocht, machen wir alles gemeinsam.»

Was sagen die Gäste?
Maria: «Es war ein schöner Abend, Nina hat alles festlich hergerichtet. Trotzdem war es locker, wir haben uns sofort bestens unterhalten.»

Hans: «Ich esse gern gut und in einer schönen Umgebung, mit Kerzen und Blumen und so. Bei Nina und Michael kam ich voll auf die Rechnung.»

→ 130–133

Gastfreundschaft: Party

Datum/Zeit:
4. September, 17.00 Uhr

Ort:
Wohnung und Gartensitzplatz von Andy und Theres Keller

Grund der Einladung:
Andy (Gastgeber): «Die Idee von Gerbers, einmal alle Nachbarn einzuladen, fanden wir so gut, dass wir den Kontakt weiterpflegen wollten.»

Wie wurde eingeladen?
Theres (Gastgeberin): «Ich habe allen gleich telefoniert und sie gefragt, ob ihnen das Datum passe.»

Welche Vorbereitungen mussten getroffen werden?
Theres: «Es gab wenig vorzubereiten. Wir stellten einen Tisch bereit (draussen, weil es schön war) und genügend Sitzgelegenheiten, Teller, Gläser und was es sonst so alles braucht.»
Andy: «Wir haben eigentlich nur das Knoblauchbrot und den heissen Schinken vorbereitet. Salate und Desserts haben die Gäste mitgebracht. Wir haben vorher abgesprochen, wer was mitbringt. Und natürlich haben wir die Getränke bereitgestellt.»

Was sagen die Gäste?
Thomas: «Es war ein guter Abend, unkompliziert und witzig. Leider hatten wir viel zu viel zu essen vorbereitet, die Hälfte hätte gereicht.»

Die Küche im Wandel der Zeit

Kochen am offenen Feuer …

… oder am Holzherd

→ 146–166

Elektrizität und Gas verändern das Bild der Küche

Einbauküche mit einer Vielzahl von elektrischen Geräten

Hausarbeiten rationell ausführen

 → 170–177

smittel
Arbeitsplatz-
taltung

Planen – so …

«Eine vierköpfige Familie ist eine sehr lebendige Angelegenheit. Heute zum Beispiel muss die Kleine in die Klavierstunde, der Sohn hat einen Freund zum Übernachten eingeladen. Ich habe am Nachmittag einen Yoga-Kurs, muss aber auch einer alten Frau die Wohnung wieder etwas in Ordnung bringen, was ich jeden Freitag mache.

An jedem einzelnen Tag kommen so viele Dinge zusammen, muss so viel erledigt werden, dass man das Planen vergessen kann, es kommt sowieso immer anders. Nur wenn man den Tag nimmt, wie er kommt, wird man allen Familienmitgliedern gerecht. Nur so entsteht kein Stress.

In unserer Familie weiss eigentlich jeder, was er zu tun hat. Darum habe ich immer wieder Zeiten, wo ich mich ganz meinen eigenen Interessen widmen kann.

Einen durchgeplanten Haushalt kann ich mir überhaupt nicht vorstellen. Wenn man allein haushaltet, kann man sich einen Tag vielleicht nach seinen Wünschen einteilen, aber nicht mit einer Familie.»

→ 170–178

... oder so

«Eine vierköpfige Familie ist eine sehr lebendige Angelegenheit. Heute zum Beispiel muss der Kleine ins Judo, meine Tochter in die Schulzahnklinik. Mein Mann kommt später zum Nachtessen, weil er auswärts arbeitet. Ich treffe am Vormittag eine Freundin, muss aber heute noch fürs Wochenende einkaufen, weil ich morgen keine Zeit dazu habe.

Jeden Tag kommen so viele Dinge zusammen, muss so viel erledigt werden, dass jeder Tagesablauf ganz genau geplant werden muss. Nur so kommen alle Familienmitglieder auf ihre Rechnung. Nur so entsteht kein Chaos.

Dank einer klaren Planung weiss deshalb in unserer Familie jeder, was er gerade zu tun hat. Und ich kann mir beispielsweise Zeiten einplanen, wo ich mich ganz meinen eigenen Interessen widmen kann.

Einen Haushalt ohne Planung kann ich mir überhaupt nicht vorstellen. Wenn man allein haushaltet, kann man vielleicht den Tag so nehmen, wie er gerade kommt; aber als Familie ist dies nicht möglich.»

Arbeitsgliederung

Roboter sind wie Computer, die von Menschen programmiert werden müssen. Dann allerdings können sie uns gleichförmige Arbeiten abnehmen.

Angenommen, du hättest einen Haushaltroboter zur Verfügung, nur leider einen ohne vernünftiges Haushaltprogramm. Bevor der Roboter also für dich arbeiten kann, musst du ihm sagen, wie er die verschiedenen Arbeiten ausführen soll.

Je genauer du die einzelnen Arbeitsschritte programmierst, desto besser funktioniert der Roboter nachher.

Welche Arbeitsschritte muss der Roboter kennen, wenn er für dich zum Beispiel:
- bügeln
- den Tisch decken
- ein Paket postfertig machen soll?

→ 171

Arbeitstechnik

Dein Roboter kennt nun die wichtigsten Arbeitsabläufe.

Jetzt gibt es noch Feinheiten und praktische Details, die du ihm beibringen kannst:

- Wo soll er beim Bodenwischen beginnen?
- Welche Handbewegungen bringen beim Fensterputzen das beste Resultat?
- Worauf muss er beim Staubsaugen besonders achten?
- Gibt es Tipps zum Abwaschen, die er wissen müsste?

→ 176/177

Reinigungsmittel

Ein Putzlappen allein genügt hier nicht!
- Stelle ein minimales Reinigungsmittelsortiment für die Küche zusammen.
- Welche Reinigungsmittel werden im Haushalt noch zusätzlich gebraucht?
- Kennst du Alternativen zu handelsüblichen Reinigungsmitteln?

→ 178/179

Apparate, Geräte, Maschinen

In den meisten Haushalten finden wir heute eine Vielfalt von elektrischen Apparaten, Geräten und Maschinen.

→ 165, 178

Unfälle im Haushalt

Erzähle von Haushaltunfällen, welche bei dir zu Hause oder bei Bekannten passiert sind.

Kleinkinder sind besonders gefährdet! Zähle Beispiele auf.

Überlege: Hätten die Unfälle vermieden werden können? Wie?

→ 180–183

Bekleidung

Am Abend vor dem Klassenlager

«Morgen früh ins Klassenlager! Eine einfache Unterkunft oberhalb des Dorfes soll es sein, eine Art Berghaus. Wir haben nicht einmal gefragt, ob es dort eine Dusche habe, ob man sich draussen waschen müsse oder in einem Waschraum, wie der Vater vom Militär erzählt hat.

Natürlich habe ich auch zu Hause kein luxuriöses Badezimmer, aber so ein warmes Bad geniesse ich schon, und vor dem Lager besonders.»

→ 186/187

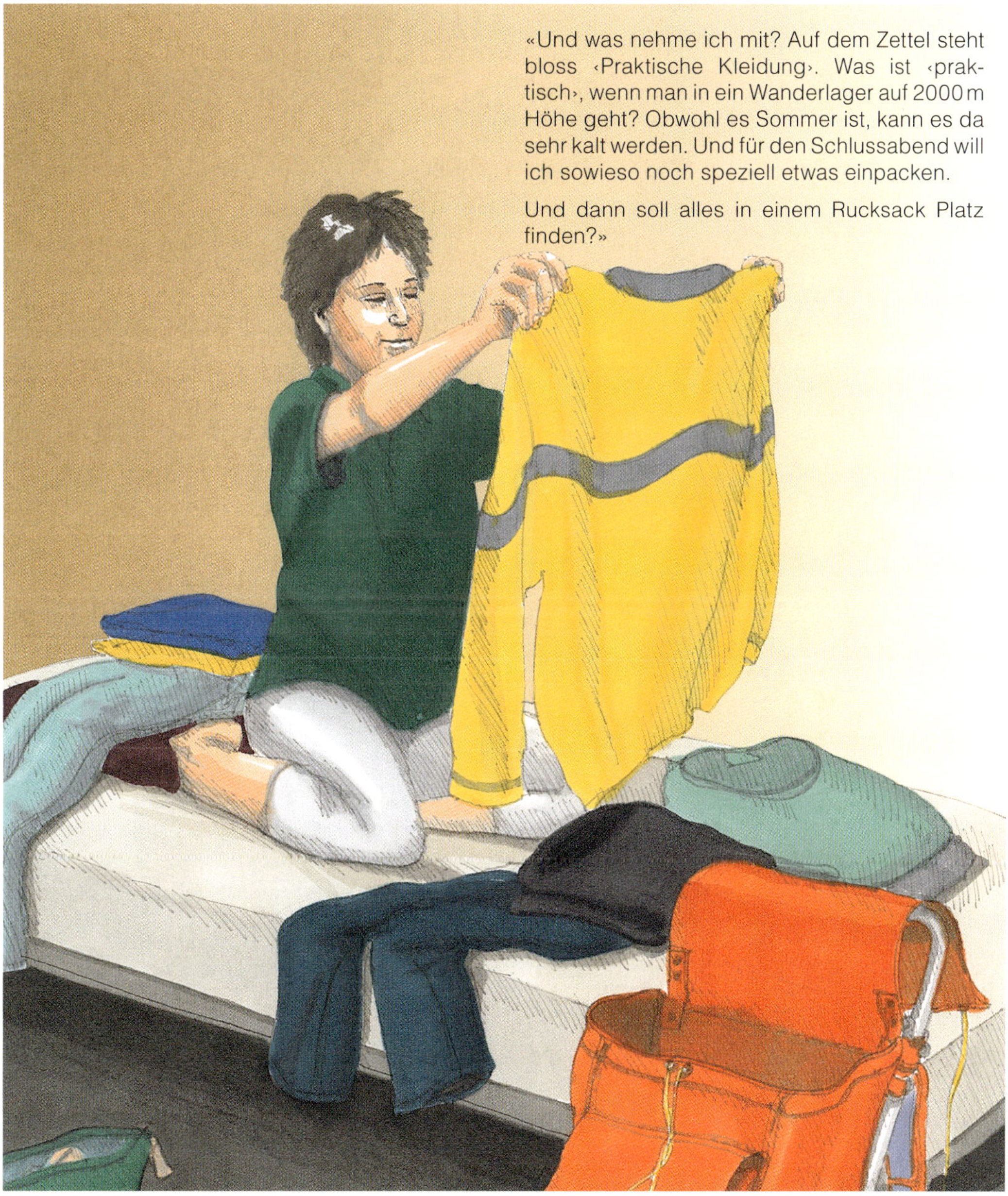

«Und was nehme ich mit? Auf dem Zettel steht bloss ‹Praktische Kleidung›. Was ist ‹praktisch›, wenn man in ein Wanderlager auf 2000 m Höhe geht? Obwohl es Sommer ist, kann es da sehr kalt werden. Und für den Schlussabend will ich sowieso noch speziell etwas einpacken.

Und dann soll alles in einem Rucksack Platz finden?»

Waschen im Wandel der Zeit

Waschen und Trocknen am Fluss

Waschen am Dorfbrunnen, Trocknen an der Leine

 → 192/193

Waschen in der eigenen Waschküche, Trocknen an der Leine

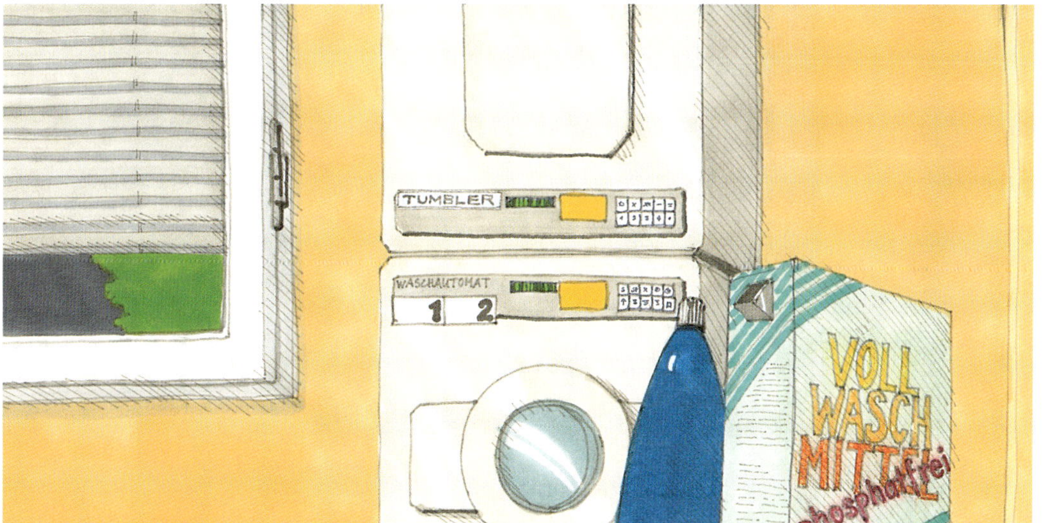

Waschen im Waschautomaten, Trocknen im Tumbler

Waschen und pflegen – aber wie?

→ 190–205

Textilpflegeetiketten helfen, die dem Material und Gegenstand angepasste Pflege zu bestimmen.

Und wenn die Etikette fehlt?

Kleidung und Mode

→ 206–209

Trotz verschiedener Modeströmungen bleibt die Aufgabe der Kleidung immer dieselbe: sie dient als Schutz und Schmuck.

Mode ist von kurzer Dauer und wird von der nächsten Mode verdrängt.

– Was gilt heute als modisch, was ist «in»?

Wirtschaft, Geld, Konsum

Auf einer Insel

Die Frage ist alt:
«Was würdest du auf eine einsame Insel mitnehmen?»

Wir machen das Gedankenspiel hier auch.

Die Insel liegt irgendwo in der Südsee. Das Klima ist angenehm, das Meer ist sauber und voller Fische. Auf der Insel wachsen alle Früchte, die du dir denken kannst. Bequeme Hängematten und eine Hütte aus Palmblättern warten auf dich. Trinkwasser gibts auch. Für das Nötigste ist also gesorgt.

Du wirst einige Zeit auf dieser Insel verbringen. Ein Wasserflugzeug wird dich hinbringen. Leider kannst du nur sehr wenig mitnehmen, fünf Dinge bloss. Wofür entscheidest du dich?

- Schlauchboot
- Hund
- Funkgerät
- Papier/Schreibmaterial
- Harpune und Überlebensmesser
- Bücher (welche?)
- Walkman
- Handy
- Malkasten
- Photoapparat mit Filmen
- Solar-Kocher
- Taucherausrüstung
- Reiseapotheke
- einen kleinen Affen
- Kurzwellen-Radio
- Zeitungen/Zeitschriften (welche?)
- Vorrat deiner Lieblingsspeisen
- Werkzeugkasten
- Musikinstrumente (welche?)
- Surfbrett
- Vorrat deiner Lieblingsgetränke
- ...

Auch ohne das Spiel mit der Insel kann man sich natürlich fragen, was wir in unserem Leben unbedingt brauchen und worauf wir eigentlich verzichten könnten.

Versuche herauszufinden, welche deiner Bedürfnisse befriedigt werden müssen, damit du überhaupt leben (oder überleben) kannst, und was du dir zusätzlich wünschst, damit dein Leben interessant und lebenswert wird.

 → 216–218

Wir spielen das Inselspiel noch etwas weiter:

Du hast dich inzwischen schon ganz bequem auf deiner Insel eingerichtet. Du hast beispielsweise entdeckt, dass die Nachbarinseln auch bewohnt sind, hast Kontakte und Freundschaften geknüpft.

Deine Nachbarn halten zum Beispiel Hühner. Eier und vielleicht einmal ein Poulet wären für dich eine willkommene Abwechslung, wo du dich doch hauptsächlich von Fisch und Früchten ernährst. Einmal schon hast du mit deinen Nachbarn Früchte (die es auf ihrer Insel nicht gibt) gegen Eier getauscht. Das passierte spontan und aus Freundschaft.

Du möchtest aber gerne regelmässig Eier beziehen oder sogar ein paar Hühner erwerben, damit du dich einmal selber mit Eiern versorgen kannst. Du denkst an einen Handel: Hühnereier gegen Früchte, Hühner gegen – sagen wir – Bananenstauden.

Das schlägst du deinen Nachbarn vor, und sie sind einverstanden.

Tauschhandel ist eine klare Sache: Da wechselt Ware gegen Ware den Besitzer. Solange mit Früchten und Eiern gehandelt wird, funktioniert das auch ausgezeichnet.

Nun möchten deine Nachbarn aber ein paar Baumstämme von dir haben, um sich Kanus daraus zu machen. Und du hattest zwei Nachbarn einige Tage als Helfer und Ratgeber auf deiner Insel gehabt, weil du deine Hütte vergrössern und ausbauen wolltest.

Wie willst du dir nun die Baumstämme bezahlen lassen? Mit Hühnereiern? Und wenn ja, mit wie vielen? Wie bezahlst du die Arbeitsleistung deiner Nachbarn? Mit Früchten vielleicht? Wenn ja, mit wie vielen pro Arbeitstag?

Du musst – zusammen mit deinen Inselnachbarn – eine Lösung finden. Welche Möglichkeiten gibt es, diese Probleme zu lösen?

Wie lösen wir bei uns dieses Problem? Wie funktioniert bei uns der Handel? Wie werden bei uns die Preise gemacht?

Das Gleiche und doch nicht das Gleiche

Zweimal das gleiche Werbemittel:

Eine einfache Holztafel, und die Werbung draufgepinselt …

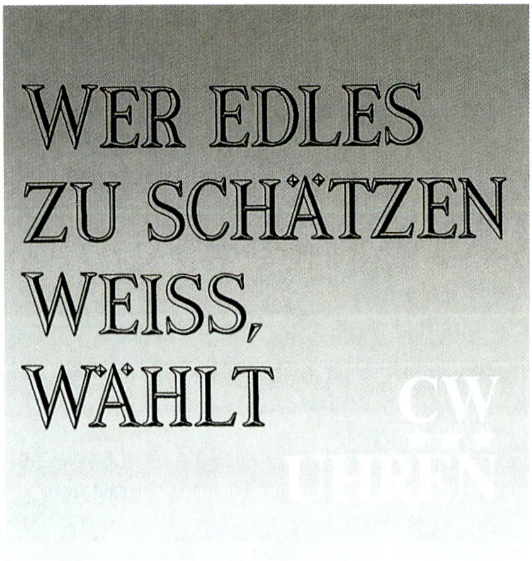

Zweimal der gleiche Werbespruch:

Jedoch für zwei verschiedene Produkte …

→ 223/224

Zweimal das gleiche Produkt:

Aber zwei verschiedene Arten, wie dafür geworben wird.

Du siehst, Werbung ist nicht einfach Werbung.

Hier werden nur drei Beispiele gezeigt. In jeder Illustrierten, auf jeder Plakatwand, in jedem Werbeblock des Fernsehens findest du eine Menge weiterer Beispiele.

Schau dir die Reklamen um dich herum einmal etwas genauer an! Was erzählen sie für Geschichten? Was versprechen sie dir alles? Mit welchen Argumenten will man dir die Ware verkaufen?

Ein Fragebogen zur Werbung

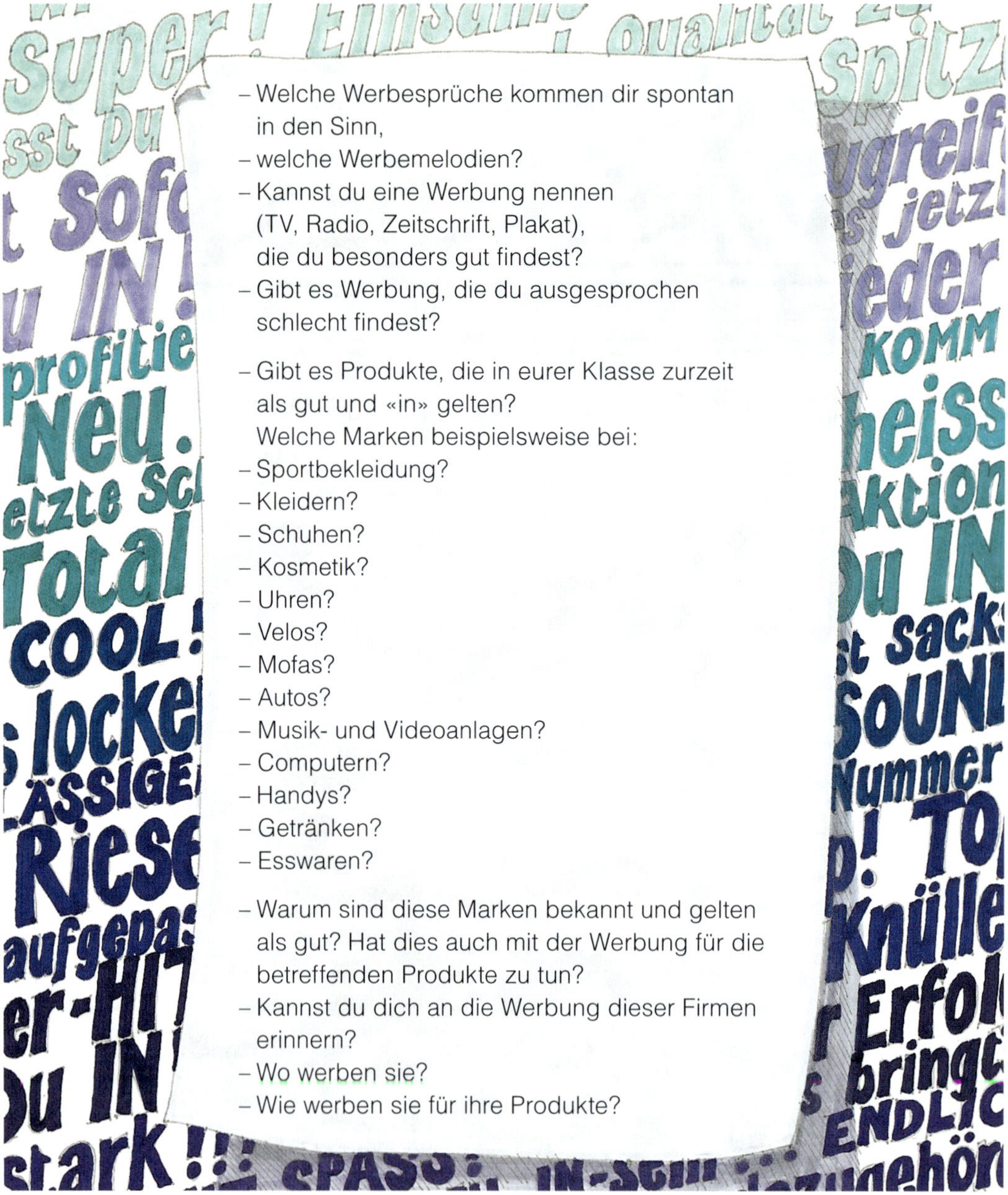

- Welche Werbesprüche kommen dir spontan in den Sinn,
- welche Werbemelodien?
- Kannst du eine Werbung nennen (TV, Radio, Zeitschrift, Plakat), die du besonders gut findest?
- Gibt es Werbung, die du ausgesprochen schlecht findest?

- Gibt es Produkte, die in eurer Klasse zurzeit als gut und «in» gelten?
  Welche Marken beispielsweise bei:
- Sportbekleidung?
- Kleidern?
- Schuhen?
- Kosmetik?
- Uhren?
- Velos?
- Mofas?
- Autos?
- Musik- und Videoanlagen?
- Computern?
- Handys?
- Getränken?
- Esswaren?

- Warum sind diese Marken bekannt und gelten als gut? Hat dies auch mit der Werbung für die betreffenden Produkte zu tun?
- Kannst du dich an die Werbung dieser Firmen erinnern?
- Wo werben sie?
- Wie werben sie für ihre Produkte?

→ 224

Was sich Werbeleute überlegen müssen

Jeder, der heute etwas verkaufen will, braucht Werbung.

Ob mit einem winzig kleinen Zeitungsinserat oder einer weltweiten Werbekampagne, man muss auf sich aufmerksam machen. Während man früher seine Waren auf dem Markt direkt anpreisen konnte, braucht man dazu heute die Werbung.

Nimm einmal an, du hättest die Verantwortung für die Werbung für ein bestimmtes Produkt bekommen. Wähle dir ein Produkt aus, an dem du selber Spass hast. Bis nun die Werbung dafür steht, gibt es für dich eine ganze Menge zu entscheiden.

(Wie man wirbt, hängt immer von zahlreichen Faktoren ab, immer auch vom Geld, das man dafür ausgeben kann oder will. Das Geld lassen wir für einmal auf der Seite. Es gibt auch so noch genug zu überlegen.)

Folgende Fragen musst du dir stellen:

- Was ist das für ein Produkt, für das ich werbe? Ein Alltagsartikel? Ein Luxusartikel? Benötigen das die Leute, oder muss ich sie zum Kaufen überreden?
- Was sind das für Leute, die mein Produkt am ehesten kaufen? Kinder, Jugendliche, Erwachsene, ältere Leute, Männer, Frauen, Normalverdiener, Reiche?
- In welchen Medien will ich werben? Radio? Fernsehen? Internet? Zeitungen/Zeitschriften? Plakate? Kinowerbung? Versand von Reklame in die Briefkästen?

- Welche Idee soll meiner Werbung zu Grunde liegen? Ein guter Spruch oder Slogan? Eine gute Story (Geschichte)? Ein überraschender Gag? Ein Wettbewerb?

Erst wenn dies alles entschieden ist, beginnt der Grafiker zu zeichnen, der Texter zu texten, der Fotograf zu fotografieren, der Filmer zu filmen. In Zeitungen muss Platz für die Inserate reserviert werden. Es müssen Plakatplätze gemietet, Sendezeiten im Fernsehen organisiert werden …

Wenn die teure Werbung dann erscheint, ist es noch lange nicht sicher, ob das Produkt, für das so aufwändig geworben wurde, nun auch besser verkauft wird.

Einkaufsüberlegungen

Tobi hat über längere Zeit gespart – er will sich einen guten MP3-Player kaufen.

Tobi hat sich zuerst eingehend informiert:
- Er hat sich in Warenhäusern umgesehen.
- Er hat in Fachgeschäften Prospekte geholt.
- Er hat im Internet Testberichte gelesen.
- Er hat bei Kollegen herumgefragt.

Ein paar Fragen muss Tobi vor dem Kauf für sich selbst noch klären:
- Soll es ein eher günstiges Flashspeicher-Modell sein, mit weniger Speicherkapazität?
- Oder soll es ein teureres Modell mit integrierter Harddisk sein?
- Reicht es ihm, wenn er 400 Songs aufs Mal speichern kann, oder braucht er ein Gerät, das Platz für 10 000 Songs hat?
- Ist es wichtiger, ein möglichst kleines, robustes Gerät zu haben, das auch jeden Sport (z.B. Snowboarden) problemlos mitmacht?
- Oder soll es lieber ein Luxusgerät sein, um das einen die Kollegen beneiden?
- Ist eine möglichst lange Akku-Laufzeit wichtig, oder wird er den Player häufig auch zuhause am Netz betreiben?
- Muss es ein Player einer berühmten Marke sein, oder darf er auch von einem unbekannteren Hersteller stammen, wenn Preis und Leistung stimmen?

Tobi weiss langsam, was er will, und entscheidet sich für ein robusteres Flashspeicher-Gerät, das auch mal einen Sturz aushält. Er findet, dass es für ihn ausreichend ist, 800 Songs immer bei sich zu haben. Den Rest seiner Musiksammlung hat er ja ohnehin auf seinem Computer und auf DVDs gespeichert. Mit dem Entscheid für einen «Mittelklasse-Player» spart Tobi auch gleich Fr. 250.–, die er nun für den Download von neuen Songs zur Verfügung hat.

Nun stellt sich noch die Frage, wo Tobi den MP3-Player kaufen will.
- Im Internet wäre er am billigsten, aber man kann nur per Kreditkarte oder im Voraus bezahlen.
- Im Warenhaus sind die Preise ebenfalls sehr günstig, aber man hat oft nicht alle Farben zur Auswahl.
- Im Elektronik-Fachgeschäft ist der Preis etwas höher, dafür stimmen Auswahl und Beratung.

Tobi kauft seinen MP3-Player schliesslich im Warenhaus und geniesst es dann, mit den Ohrhörern und seinem Lieblingssong im Ohr durch die Gegend schlendern zu können.

→ 226/227

UNTERRICHTSTEIL
FACHTEIL

Fachteil

Sinn und Aufgaben des Haushalts

Haushalt

Jeder Mensch muss sich in seinem Leben mit Haushalt und Haushaltführung auseinander setzen.

Jeder Mensch hat Bedürfnisse, er braucht:

Nahrung Kleidung Wohnung/Wohnraum	dies sind die wirtschaftlichen Aufgaben des Haushaltes
Liebe Geborgenheit Gemeinschaft	dies sind die sozialen Aufgaben des Haushaltes

Der Haushalt als persönlicher Lebensraum versucht mit dem Erfüllen dieser Aufgaben den menschlichen Bedürfnissen gerecht zu werden.

Haushalten umfasst viele Tätigkeiten:

Diese Tätigkeiten lassen sich den folgenden Bereichen zuordnen:

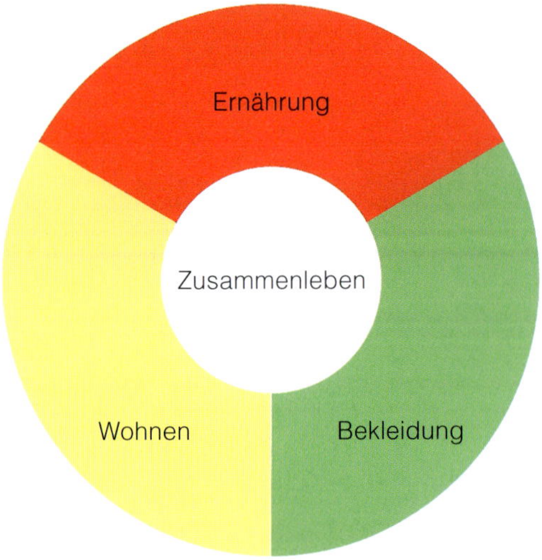

Zur Erfüllung der Tätigkeiten braucht es *Zeit, Kraft, Geld.*

Für den sinnvollen Einsatz dieser Mittel braucht es den denkenden, fühlenden, arbeitenden Menschen:
- einen Kopf, der denkt
- ein Herz, das fühlt
- Hände, die arbeiten

Haushaltformen

Ein Haushalt kann aus einer oder mehreren Personen bestehen. Er ist immer im
- wirtschaftlichen
- gesellschaftlichen
- ökologischen

Umfeld eingebettet.

Es gibt verschiedene Haushaltformen:

Selbstversorgungshaushalt
- Eigenproduktion hoch,
- Anteil an Arbeit hoch,
- Marktabhängigkeit gering

Dienstleistungshaushalt
- Eigenproduktion gering
- Anteil an Arbeit abnehmend
- Marktabhängigkeit steigend

Vergabehaushalt
- Eigenproduktion kaum vorhanden
- Anteil an Arbeit gering
- Marktabhängigkeit hoch

Umwelt und Haushalt

Umweltbewusstes Verhalten im Haushalt

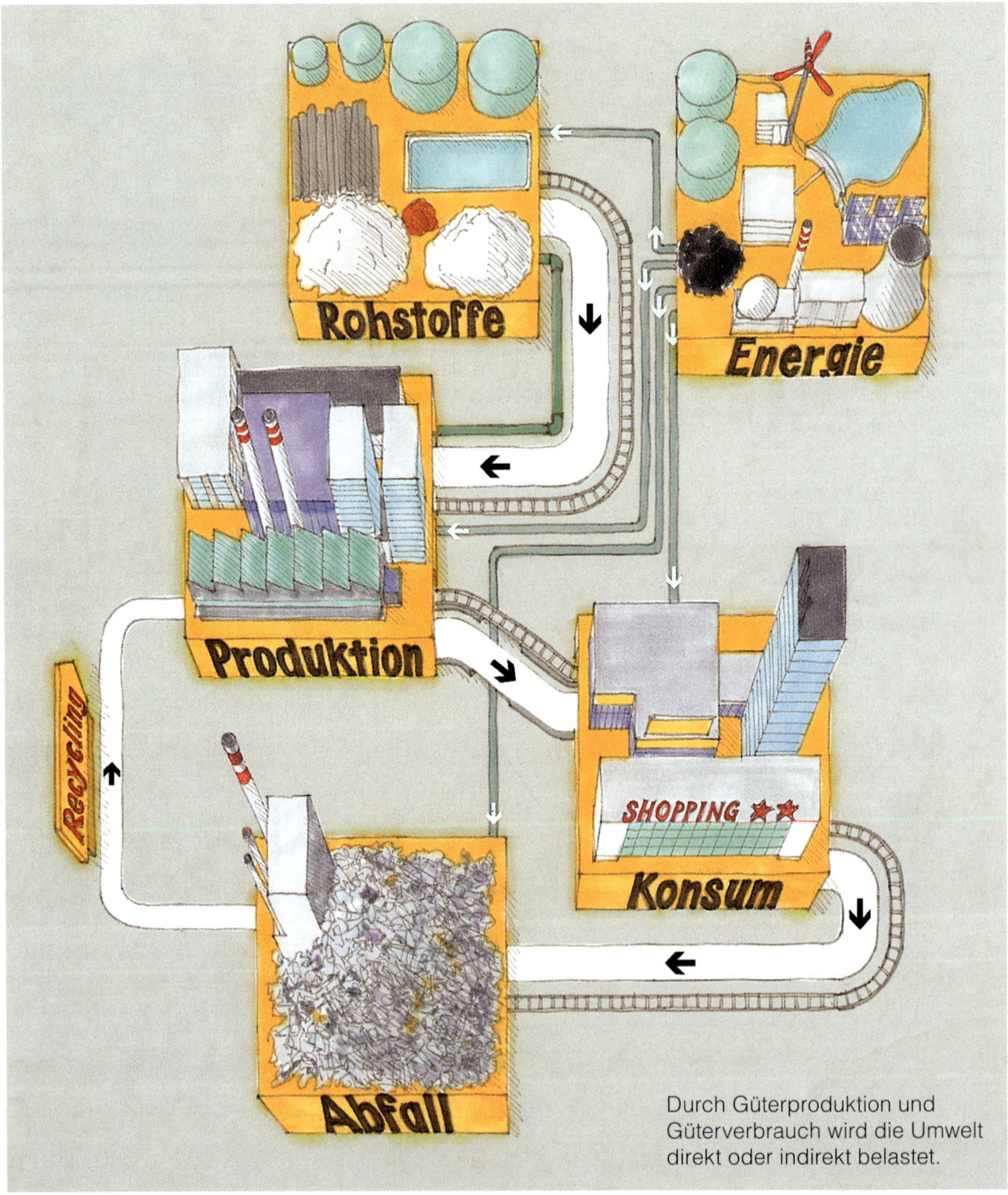

Durch Güterproduktion und Güterverbrauch wird die Umwelt direkt oder indirekt belastet.

Güterproduktion
Bei der Produktion werden Rohstoffe mit Hilfe von Energie in Konsumgüter umgewandelt.

Die Rohstoffe sind begrenzt, und die meisten können nicht mehr erneuert werden, zum Beispiel Erdöl, Metallerze, Kohle.

Hält der gegenwärtige Verbrauch an, gehen die Rohstoffreserven bald zur Neige.

Güterverbrauch
Beim Gebrauch und Verbrauch von Gütern entstehen Abfälle. Die Anhäufung von Abfällen bedroht uns und unsere Umwelt.

Als Ursachen für die Umweltbelastung sind vor allem verantwortlich:

- die Menge der produzierten und konsumierten Güter
- die Art der Produktion
- die Art des Konsums
- die Qualität der Produkte

Begrenzte Rohstoffe und immer steigende Abfallberge zwingen uns zum Nachdenken – Umdenken – Handeln.

- Abfall vermeiden
- Abfall vermindern
- Abfall wiederverwerten
- Abfall beseitigen

Nachdenken – Umdenken – Handeln

Beim Einkauf
- Mass halten – auf überflüssige Produkte verzichten
- Wegwerfprodukte meiden (Kunststoffgeschirr, -besteck ...)
- Umweltfreundliche Materialien und Produkte bevorzugen (Papier statt Plastik)
- Einwegpackungen vermeiden (Depotflaschen statt Büchsen)
- Überverpackungen vermeiden (Inhalt und Verpackung im Vergleich)
- Energieaufwand bei der Produktion berücksichtigen (Konservendose → Dose / → Inhalt – Frischprodukte)
- Abbaubarkeit miteinbeziehen (Reinigungsmittel)
- Reparierbare Produkte bevorzugen (Geräte mit Ersatzteilen, Serviceleistung)
- Einkaufsmöglichkeiten/Einkaufsart prüfen (Quartierladen/Einkaufszentrum)
- Bei unverderblichem Inhalt Grosspackungen kaufen (Waschmittel)

Mass halten!

Beim Verbrauch
- Bewusst und sparsam umgehen mit Konsumgütern und Energie
  - Strom
  - Wärme
  - Geräten, Materialien
  - Nahrungsmitteln
  - Wasser
  - ...

Abschalten!

Bei der Abfallbeseitigung
Abfall trennen hilft den Abfallberg verkleinern.

Abfall trennen
- Kehricht → Kehrichtabfuhr, Kehrichtverbrennungsanlage
- Rüstabfälle → Kompostieren, Tierfutter
- Abfälle zur Wiederverwertung (Recycling) → Sammelstellen
  - Glas
  - Alu
  - Papier, Karton
  - Metall
  - Kleider
  - …
- Sonderabfälle → Sammelstellen, Verkaufsstellen
  - Batterien
  - Medikamente
  - Farbe/Lacke
  - Altöl
  - …

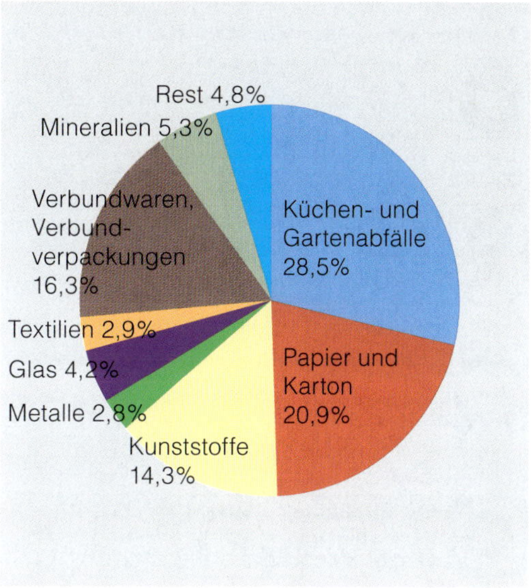

Zusammensetzung des Abfalls im Kehrichtsack

Altes Konsumgut selber weiterverwenden:
- Bastelarbeiten
- Kinderspielzeug

Abfälle gehören *nicht* in die Kanalisation (Ausguss, WC, Lavabo)!

**Wenn viele kleine Leute,
mit vielen kleinen Schritten,
viele kleine Dinge tun,
dann ist Veränderung möglich.**

Allgemein gültige Entsorgungspiktogramme

Recycling für Glas

Recycling für PET (Getränkeflaschen)

Recycling für Aluminium

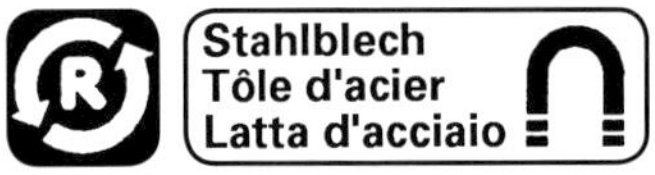

Recycling für Stahlblech

Abfall ohne Wiederverwendungs- und Wiederverwertungsmöglichkeiten

Sonderabfälle

Verbot der Beseitigung über die Kanalisation

Private Unternehmen führen noch das Signet für kompostierbare Abfälle

Wohnen

Wohnen, mieten

Wohnen umfasst eine Reihe von Tätigkeiten, die unsere *Grund- und Zusatzbedürfnisse* beinhalten.

Grundbedürfnisse
sind für alle gleich, zum Beispiel:
- Essen
- Schlafen
- …

Zusatzbedürfnisse
Unterscheiden sich nach persönlichen Interessen, zum Beispiel:
- Modellflugzeugbau
- Musik hören
- Tiere
- Lift

Möglichkeiten zur Wohnungsermittlung
- Inserate
- Wohnungsvermittlungsbüro/ Hauseigentümerverband
- Baugenossenschaften
- Mündliche Vermittlung
- Internet
- …

Ein aussagekräftiges Inserat informiert über:
- Ort und Lage
- Grösse und Anzahl der Zimmer
- Mietzins und Nebenkosten
- Abstellräume und Gemeinschaftsräume
- Ausstattung und Komfort
- Stockwerk
- Parkierungsmöglichkeiten

Der Mietvertrag
Der Mietvertrag regelt Rechte und Pflichten von Mietern und Vermietern.

Die Hausordnung
Die Hausordnung kann eine Ergänzung zum Mietvertrag sein und regelt das Zusammenleben der verschiedenen Parteien.

Mietgesuche

Junge Frau sucht **1½- bis 2½-Zimmerwohnung** in Zürich mit guter Verbindung zum Hegibachplatz. max. Fr. 1000.– inkl. per sofort oder nach Vereinbarung.

Musiker sucht dringend **Kellerraum,** monatl. Fr. 150.– bis 200.– (Blasinstrument) Kreis 4, 5, 6

Zu vermieten

Kreis 8. Neues möbliertes
Einer- und Doppelzimmer
Mit fliessendem Warmwasser, Duschgelegenheit, TV- und Tel.-Anschluss. Ab Fr. 600.–

Kreis 7. Helles ruhiges **Zimmer,** 23 m² in WG, TV, Telefon, gute Tramverbindung, ab Fr. 400.–

Kreis 9. **1-Zimmer-Wohnung** auf 1.7. Mietzins Fr. 900.– inkl., Garagenplatz 110.–

Nähe Schaffhauserplatz per 1.7.
1-Zimmer-Wohnung
mit Schrankküche, Bad, Balkon
Miete Fr. 750.– inkl.

Per Sofort schöne **1½-Zimmer-Wohnung** in Altstetten, Rautistrasse, Nähe Bus und Tram. Miete inkl. 950.- inkl.

Kreis 9. Altstetten, Günstige **3½-Zimmer-Wohnung** mit Balkon, 1. Stock.

Zügeln

Zügeltipps

Abklären
- Wohnungsgrundriss ausmessen
- Möbel messen
- Fenster ausmessen
- Vorhänge darauf abstimmen
- lose Teppiche messen

Organisation
- Termine abklären
- Zügel- und Reinigungsfirmen bestellen
- Verpackungsmaterial beschaffen

Ab- und Anmelden/Adressänderung
- Einwohnerkontrolle
- Steueramt
- Sektionschef
- Post, Telefon
- Wasser, Gas, EW
- Arbeitgeber, Schule
- Strassenverkehrsamt
- Verwandte, Freunde
- Vereine, Zeitschriften

Packen
- Wohnung «entrümpeln»!
- Vorräte aufbrauchen
- Leergut, Altpapier usw. zurückbringen
- Schachteln nicht zu schwer packen
- Zimmer in der neuen Wohnung bezeichnen, (Farbtupfer, Zahlen), Kisten, Schachteln und Möbel mit den entsprechenden Signeten versehen
- Kisten mit zerbrechlichem Inhalt bezeichnen

Wohnungsabgabe/Wohnungsübernahme
Die Wohnung muss gereinigt abgegeben werden. Abklären, welche Schäden als normale Abnützung gelten und welche der Mieter selber bezahlen muss. Das ausgefüllte *Abgabeprotokoll* kann vom neuen Mieter als *Mängelliste* übernommen werden.

Transporte

Fachleute transportieren besser
schneller und deshalb günstiger
W. Wernli, Schreiner

Umzüge, Kleintransporte, Einlagerungen.
Zuverlässigi und fründlichi Zügelmanne.

Klavier- und Flügeltransporte
E. Neeser
Möbel-Lagerungen
Wohn-/Geschäftsumzüge
MO143

Kleintransporte, Räumungen, Daueraufträge,
Std. Fr. 80.– MO327

Transporte, Umzüge. Sehr preiswert und zuverlässig

KLEINTRANSPORT & UMZÜGE
Einlagerungen
H.Streiff

Je nach Kanton und Wohngemeinde unterscheiden sich einzelne Punkte. Örtliche Bestimmungen abklären!

Zimmergrundriss

Grundbedarf:
- Bett
- Tisch
- Stuhl
- Kasten

Zusatzbedarf:
Richtet sich nach den individuellen Bedürfnissen und nach dem vorhandenen Platz.

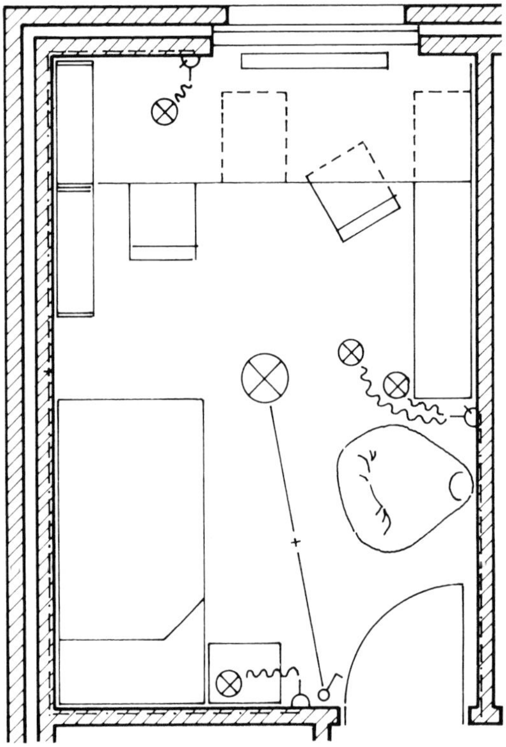

Grundriss (Tobis Zimmer) Massstab 1:50

Für das Zeichnen von Plänen werden bestimmte Symbole verwendet. Diese machen Grundrisse verständlich, ohne dass jede Kleinigkeit beschriftet werden muss.

Architekturzeichen:

Aussenwand, nicht isoliert	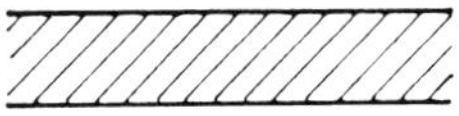
Aussenwand Isoliermauerwerk	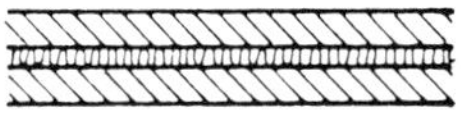
Innenwand	
Fenster mit Radiator	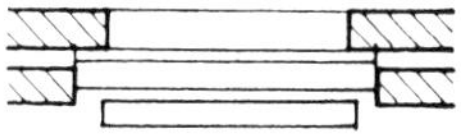
Türe innen, ohne Bodenschwelle	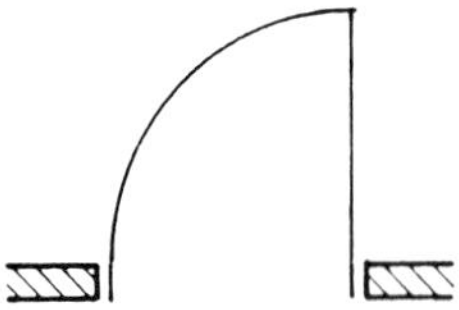
Elektrische Leitung, auf/in der Decke	
Bewegliche Leitung	
Ausschalter	
Stufenschalter	
Wechselschalter	
Einfach-Steckdose	
Mehrfach-Steckdose	
Steckdose mit Schutzkontakt	
Anschluss Leuchte	
Decken-, Tisch- oder Ständerleuchte	
Wandleuchte	

Raumflächen

Ein Raum lässt sich in verschiedene Flächen aufteilen.

Stellfläche
nennt man die Fläche, die ein Möbelstück benötigt.

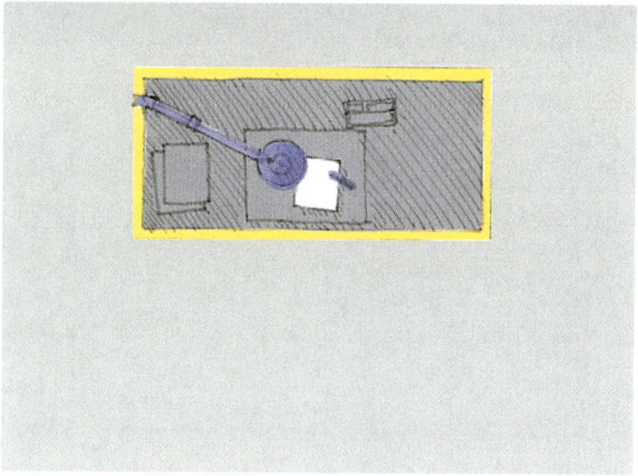

Bedienungsfläche
ist die Fläche, die gebraucht wird, um ein Möbel zu bedienen oder zu benutzen.

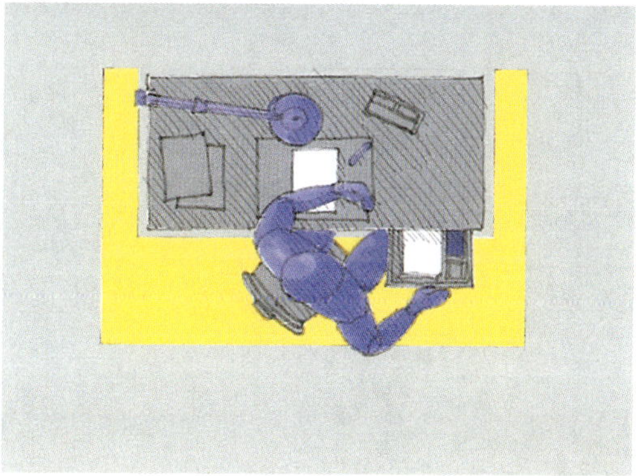

Freiflächen
sind die Flächen zwischen den Möbeln. Sie dienen der Zirkulation.

Die verschiedenen Flächen dürfen sich nicht überlagern.

Bewegungsflächen

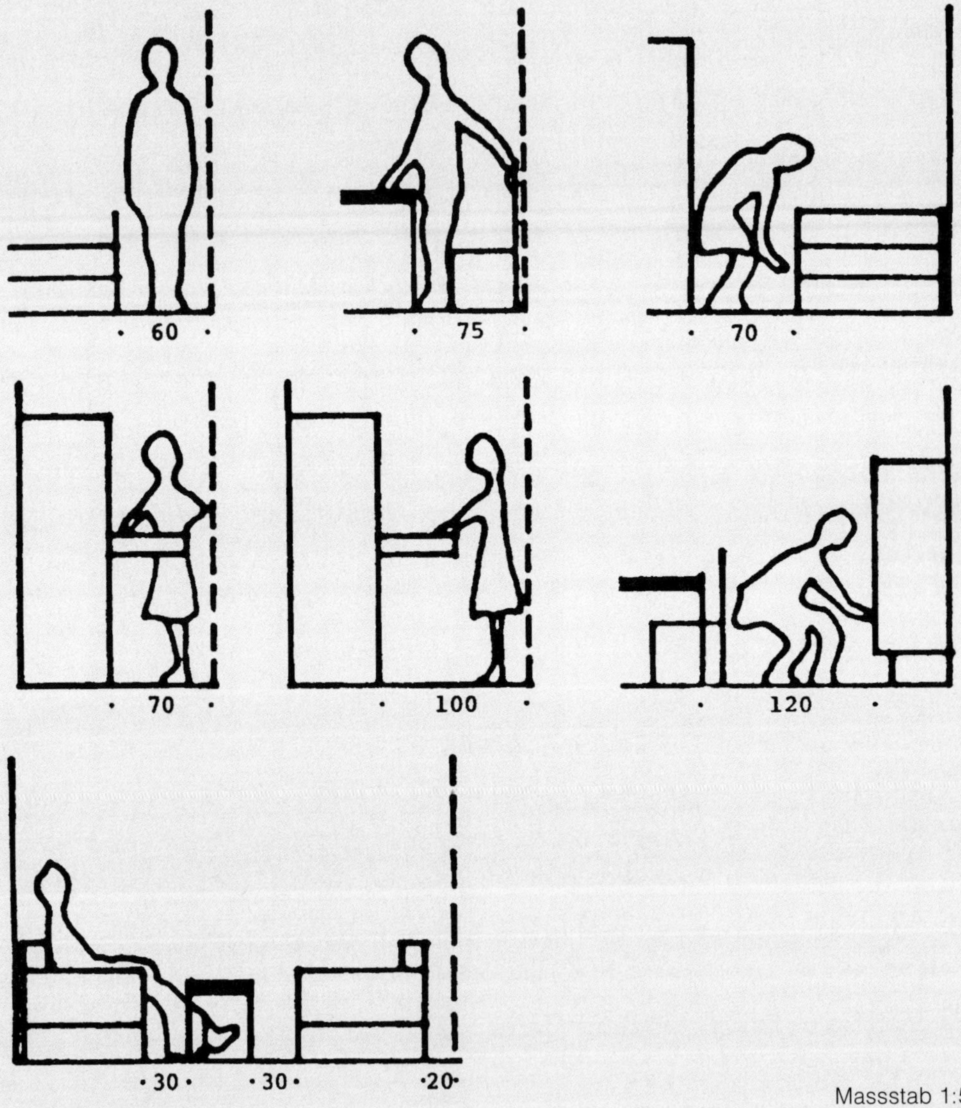

Massstab 1:50

Aus der Dokumentation Wohnen, Zürich

Tipps zum Möblieren, Tipps zum Möbelkauf

Tipps zum Möblieren
- In den Zimmern sollten verschiedene Tätigkeiten möglich sein
- Bett nach Möglichkeit an eine Innenwand stellen, Aussenwände sind eher kalt
- Arbeitsplatz wenn möglich am Fenster, Lichteinfall von vorne oder von links (bei Linkshändern von rechts)
- Türen, Fenster, Schränke sollten bequem geöffnet werden können
- Schalter, Steckdosen, eingebaute Einrichtungen (Radiatoren, Schränke) zugänglich lassen
- Kleine Möbelstücke (Elemente) lassen sich besser stellen als komplette Einrichtungen
- Schräg gestellte Möbel brauchen mehr Platz
- Zum Schutz der Bodenbeläge Schoner und Möbeluntersätze verwenden

Einkaufsüberlegungen

Verwendung
- Zweck
- Nutzung

Reinigung
- Material
- Form
- Verarbeitung
- Gewicht

} Pflegeaufwand

Form
- Grösse
- Kombinierbarkeit
- Einzelelemente

Handhabung
- Gewicht
- Form
- Verarbeitung
- Bedienung

Aussehen
- Form
- Material
- Oberflächenbehandlung
- Farbe
- Muster
- Verzierung
- Gesamtwirkung

Weitere Überlegungen
- Verwendungsmöglichkeit
- Vielseitigkeit
- Ergänzungsmöglichkeit

Siehe Einkaufsüberlegungen Seite 226

Möbelbogen

Einzel- und Doppelbetten

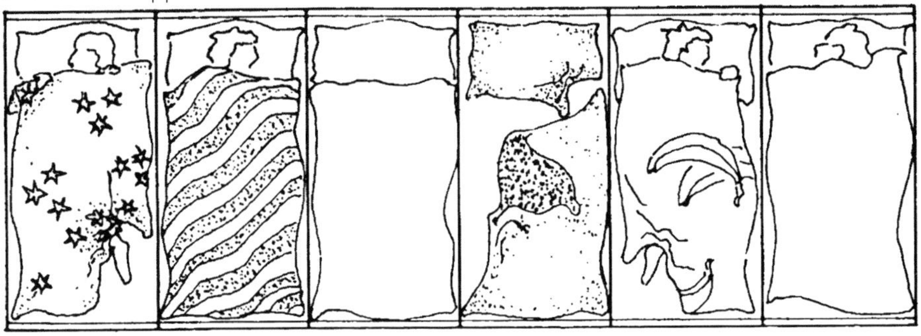

Kinderbett

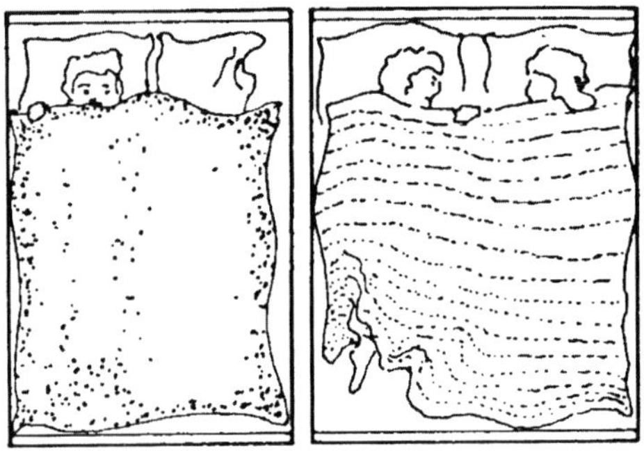

Bettzeugbehälter/Bettablagen

Doppel-Schränke

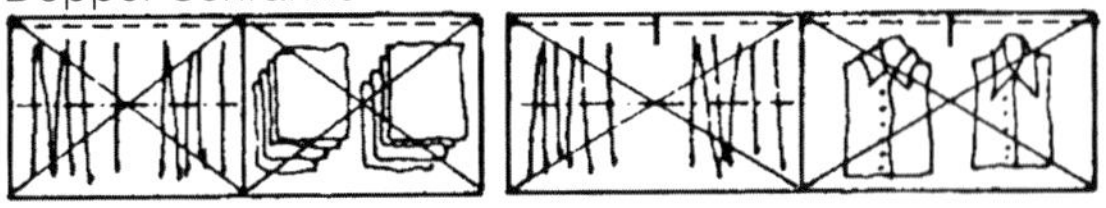

Anbau-Schränke

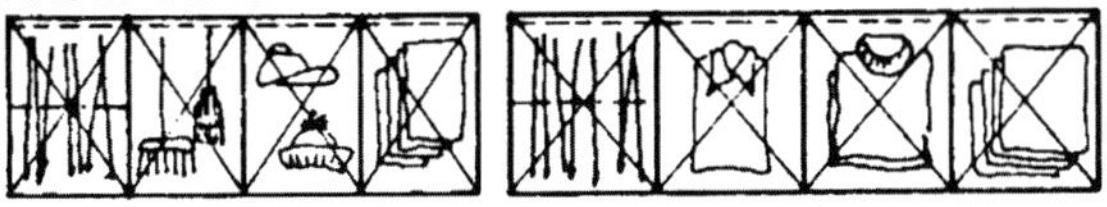

Kleine Arbeitstische

Aufbewahrungsmöbel

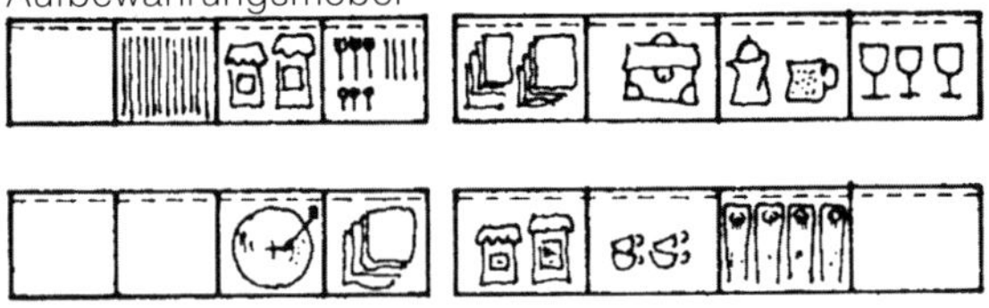

Grosse Arbeitstische

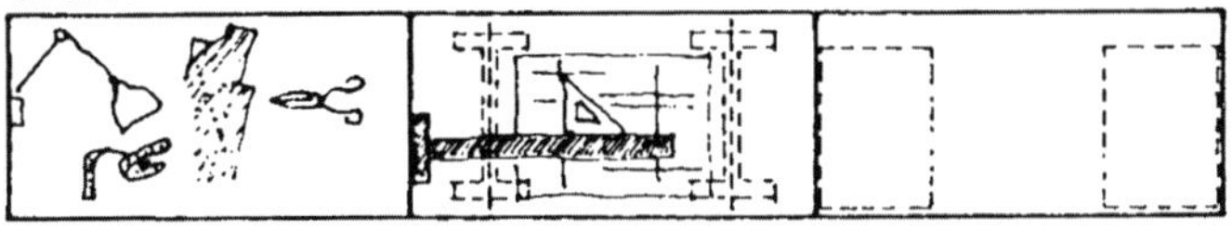

Garderobe

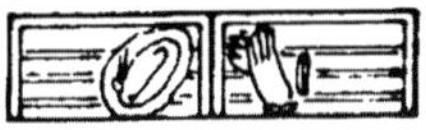

Aus dem Angebot der Dokumentation Wohnen, Zürich

Esstische

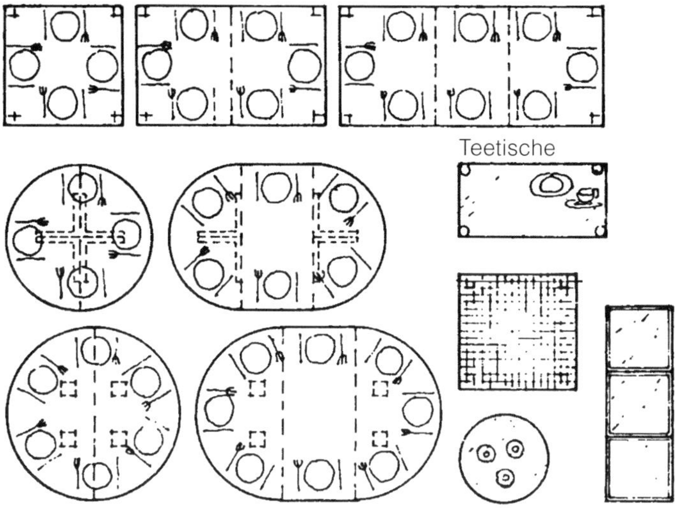

Stühle

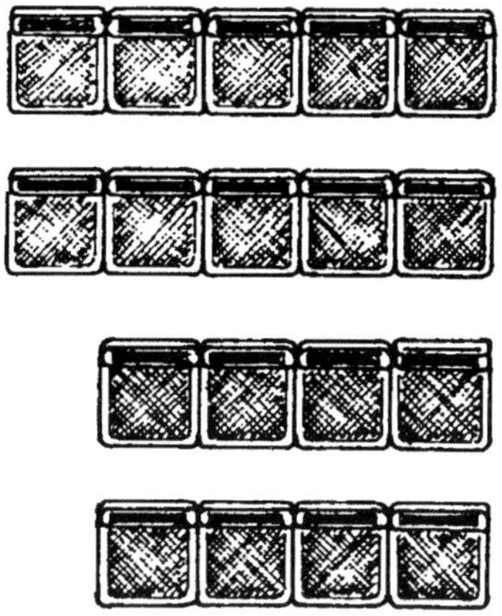

Bücherregale

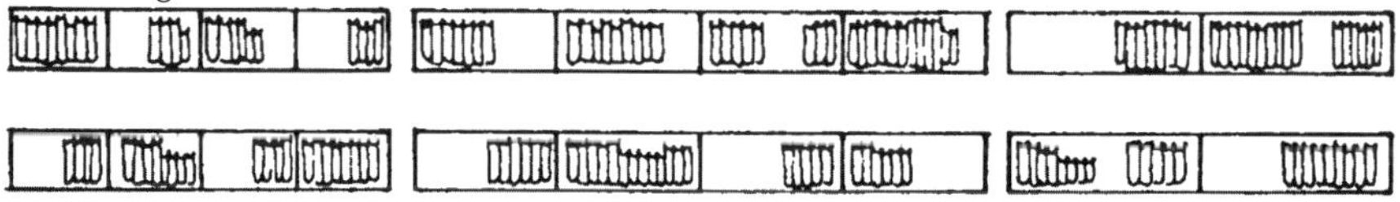

Element-Fauteuils

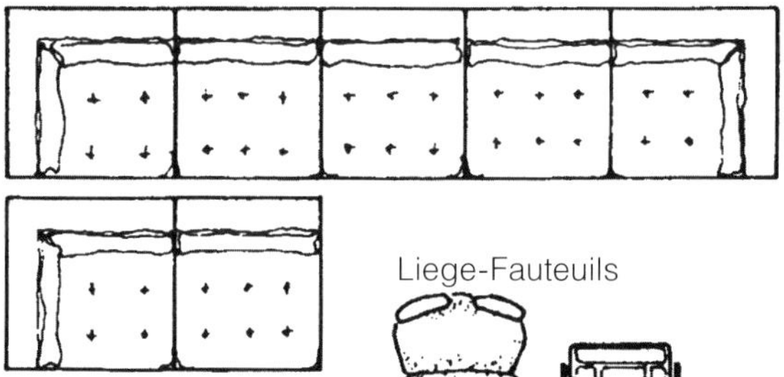

Liege-Fauteuils

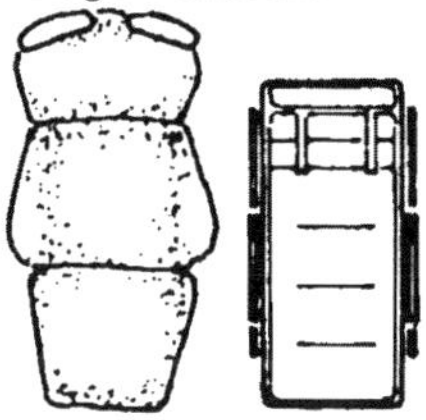

Einzel-Fauteuils und Sofas

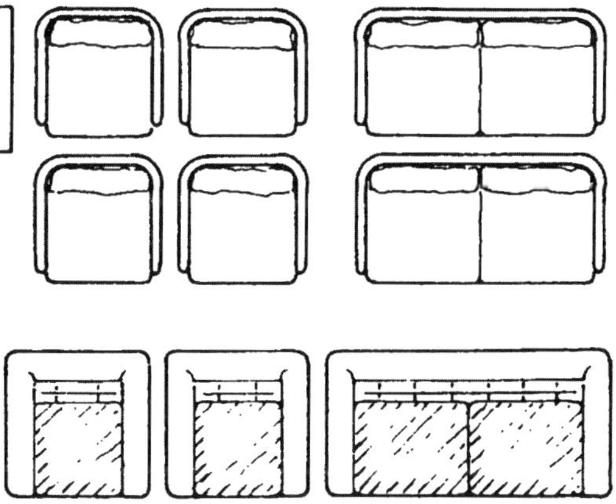

Massstab 1:50

Hinweise zur Beleuchtung

Unterschieden werden zwei Lichtquellen:

- Tageslicht,
- künstliches Licht

Tageslicht
- Wenn immer möglich ausnützen
- Arbeitsplatz in Fensternähe

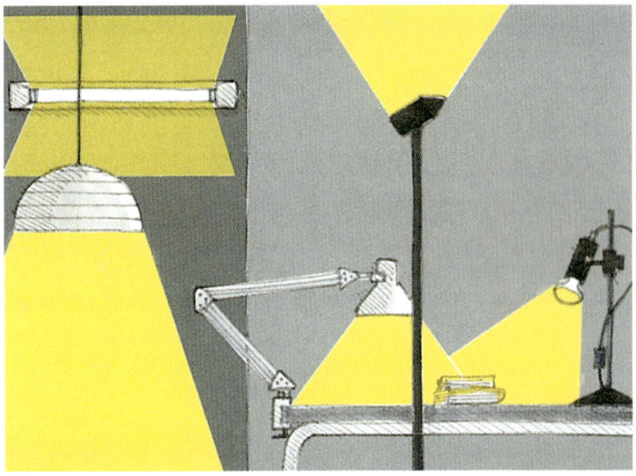

Künstliches Licht
Unterschieden wird in:

Allgemeinlicht
Leuchtet einen Raum gleichmässig aus und hilft, grosse Hell-Dunkel-Kontraste zu vermeiden.

Funktions- oder Arbeitslicht
Wird für spezielle Funktionen oder Tätigkeiten gebraucht, z.B. Schreibtischbeleuchtung, Nähmaschine.

Stimmungslicht
Schafft eine angenehme Atmosphäre.

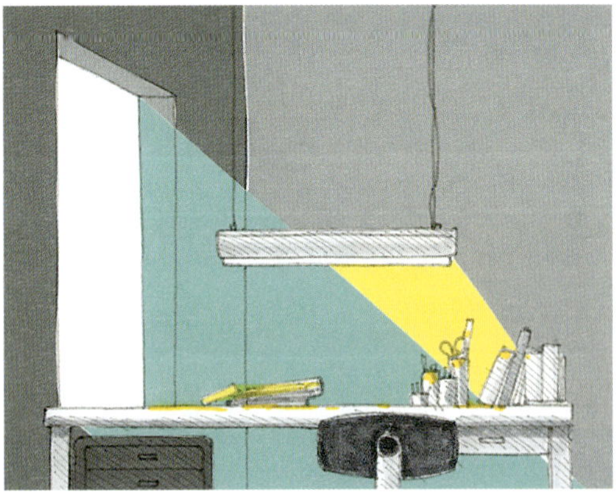

Dieser Arbeitsplatz ist ausreichend beleuchtet:
- Lichteinfall von links, vorne oder/und von oben
- Blendung, Schatten und Kontraste vermeiden

Merke:

- Beleuchtung dort anbringen, wo sie gebraucht wird

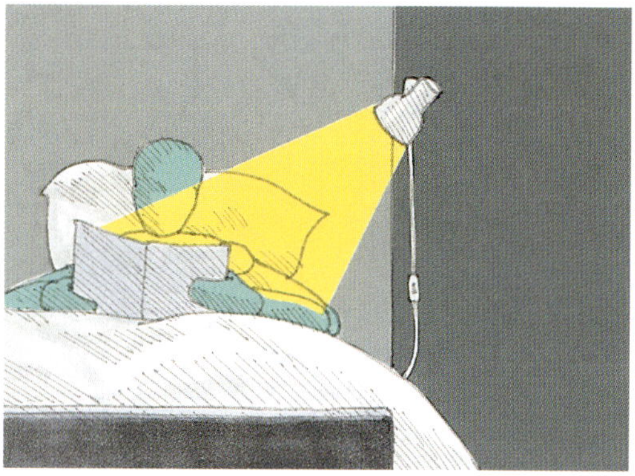

- Verstellbare und/oder transportable Leuchten sind vielseitig verwendbar

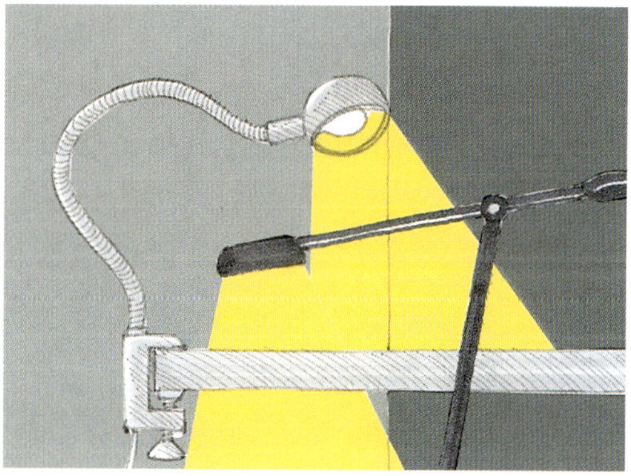

- Leuchten so montieren, dass sie nicht blenden; geringere Ermüdung der Augen

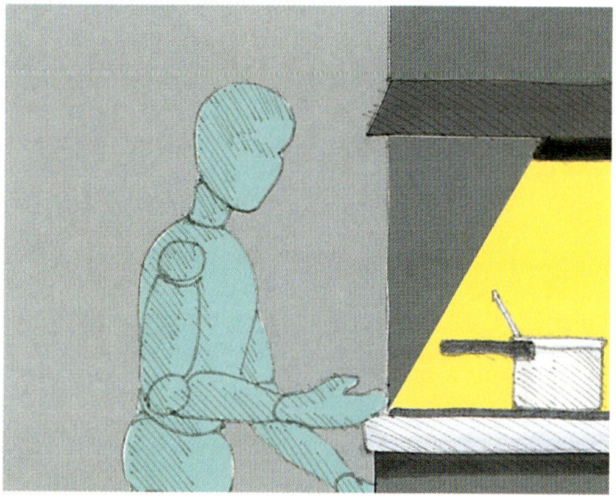

- Mit Lichtreglern (Dimmern) kann die Helligkeit dosiert werden
- Durch künstliches Licht können Farben verfremdet werden

Hinweise zur Farbwahl

Warme Farben, zum Beispiel Gelb, Orange, Rot, können gemütlich, heimelig, freundlich, aber auch aggressiv, bedrängend, beengend wirken.

Kalte Farben, zum Beispiel Blau, Grün, können erfrischend, beruhigend wirken.

Farben, die als warm empfunden werden, erscheinen näher ...

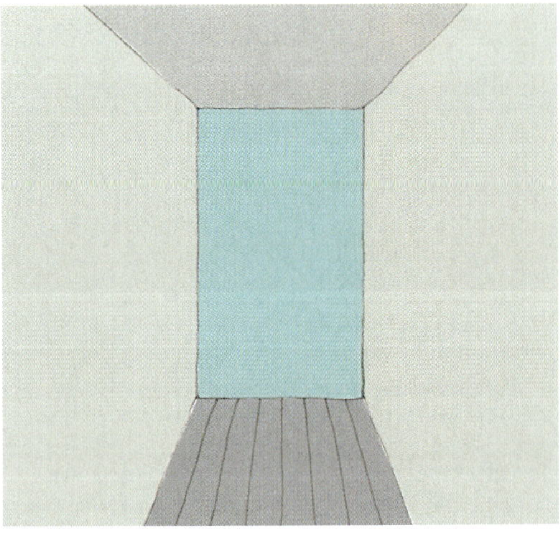

... als Farben, die eher kalt wirken.

Die Zusammenstellung von reinen Farben wirkt fröhlich, unbeschwert, kann aber auch laut und schreiend wirken.

Die Gegenüberstellung von Weiss und Schwarz hat eine starke Wirkung.

Im eigenen Zimmer dürfen persönliche Farbvorlieben berücksichtigt werden.
→ Es muss mir gefallen.

Gemeinschaftsräume werden vorteilhafter in zurückhaltenden Farben gestaltet.
→ Es muss uns gefallen.

Neutrale Farben wie Beige lassen vermehrt Spielereien zu.

Ein Übergewicht an dunklen Farben wirkt einengend, bedrückend.

Farbkreis

Durch Mischen der drei Grundfarben entsteht der zwölfteilige Farbkreis.

Farben werden nicht nur optisch wahrgenommen, sondern auch gefühlsmässig empfunden.

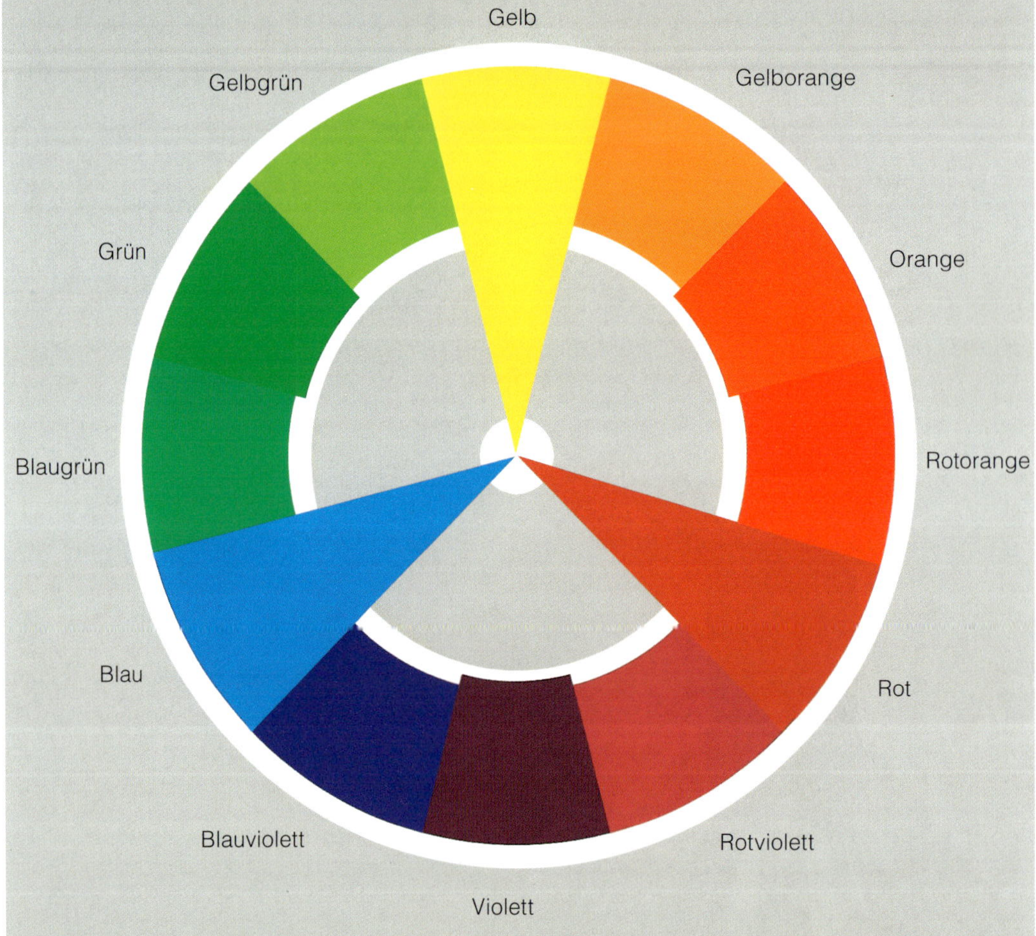

Schnittblumen: der Blumenstrauss

Pflanzen sind Schmuck und Dekoration. Ob als Strauss, Gesteck oder Zimmerpflanzen, bringen sie ein Stück Natur ins Haus.

Die Blumen werden je nach Verwendung ausgewählt und zusammengestellt. Dabei sollten Grösse, Form, Menge und Farbe berücksichtigt werden.

Der Strauss ist die einfachste Form, Blumen zu arrangieren.

Geräte und Arbeitshilfen
Vasen, Schere, Messer, Bindfaden, Drahtgeflecht für weite Vasen.
- Vasen den Blumen entsprechend wählen (Proportionen beachten)
- Einfache Formen ohne viel Dekor bevorzugen

Werkzeuge, Hilfsmittel und Vasen in verschiedenen Formen.

Schnittblumen: der Blumenstrauss

Ein Blumenstrauss entsteht

- Stiele mit scharfem Messer schräg anschneiden, eventuell unter fliessendem Wasser arbeiten.
  → Bessere Wasseraufnahme
- Vase zuerst mit frischem, handwarmem Wasser füllen
- Nur von Blättern befreite Stiele ins Wasser stellen.
  → Blätter sind Fäulniserreger
- Blumen in verschiedener Höhe, einzeln und locker einstellen.

Pflege

- Zugluft und direkte Sonnenbestrahlung vermeiden
- Über Nacht kühl stellen
- Wasser kontrollieren, nach Notwendigkeit erneuern oder ergänzen
- Welke Blüten entfernen und Stiele neu anschneiden
- Vase sauber halten

Tipps zur Verlängerung der Lebensdauer

Schneiden →

- Wenn möglich Blumen morgens oder abends schneiden
- Blumen als Knospen schneiden, z.B. Tulpen, Rosen
- Bei holzigen Stielen Baumschere verwenden und Stielende mit dem Hammer leicht quetschen

Einstellen →

- Hängende Blüten, zum Beispiel Rosen, bis zum oberen Drittel des Stieles in Zeitungspapier einwickeln und über Nacht tief ins Wasser stellen
- Für Zwiebelgewächse, zum Beispiel Tulpen, Vase nur zur Hälfte mit Wasser füllen
- Blumenfrischhaltemittel beigeben

Tipps zur Verbesserung der Wirkung

- Wenig Blumen, immer in ungerader Zahl, einstellen
- Maschendraht oder Blumenspirale verhindern das Auseinanderfallen der Pflanzen

Stufengang des Blumenstrausses
- Mit den schweren Blütenformen beginnen
- Stiele am Vasenrand abstützen

- Restliche Blumen im natürlichen Geflecht der Stiele verankern
- Runde, schwere Blütenformen bilden die Mitte und sorgen für Dichte

- Die Höhe der einzelnen Blumen soll variieren
- Leichtere Blumen und Gräser dürfen herausragen

Das Blumengesteck

Die fantasievollen Blumenarrangements sind von der östlichen Kultur und Kunst des Blumensteckens abgeleitet.

Schalen in verschiedenen Formen sowie die wichtigsten Arbeitshilfen.

Geräte und Arbeitshilfen
Zum Beispiel: Schalen, Blumenigel, Steckmasse, Knetmasse, verschieden lange und starke Drähte, Messer, Schere, Wickel- und Maschendraht, Klebestreifen.

Ein Gesteck entsteht

- Steckmasse in trockenem oder nassem Zustand in Form schneiden
- Steckmasse einweichen, sie soll im Wasser schwimmen und sich langsam vollsaugen
  → Langsame Luftverdrängung
- eventuell Einweichwasser mit Blumenfrischhaltemittel anreichern
- Steckmasse 2–3 cm höher als Blumenschale zurechtschneiden, Rand leicht abschrägen
- Steckmasse in weitem Gefäss mit Vorteil fixieren (Klebstreifen, Kitt)

- Beim Arbeiten mit dem Blumenigel holzige Stiele schräg anschneiden oder mehrmals einkerben, dünne Stiele bleiben gerade

Formgebung

- Fertige Form und Standort überlegen
- Gesamthöhe und Gesamtbreite bestimmen
- Auf 3 Ebenen arbeiten:
  Erde – Mensch – Himmel
- Blumen auswählen und zusammenstellen
- Blumen auf richtige Länge zu- und anschneiden
- überflüssige Blätter entfernen

Stufengang des Gestecks
Zurechtgeschnittene, mit Kitt oder Klebstreifen fixierte Steckmasse. Diese mit Blättern zuerst abdecken. Spätere Form leicht andeuten.

Mitte betonen, runde, kugelige Formen bevorzugen. Blumen einstecken, die das Arrangement nach oben und unten begrenzen.

Endgültige Form ausarbeiten. Harmonie in Farbe und Form anstreben.

Zimmerpflanzen: Pflege

Die meisten unserer Zimmerpflanzen stammen aus fremden Ländern. Der Entzug ihres ursprünglichen Lebensraumes und die oft schwierigen Lebensverhältnisse in den Zimmern versuchen wir durch gezielte Pflege auszugleichen.

Lebensbedingungen
Licht – Luft – Wasser – Nahrung – Wärme

Der Anteil dieser Lebenselemente ist je nach Pflanzenart verschieden. Um ihren Ansprüchen gerecht zu werden, muss man die Eigenart der Pflanzen kennen.
Hinweise durch den Gärtner sind unerlässlich.

Pflegearbeiten
Standort:
- direkte Sonnenbestrahlung, Zugluft und Temperaturschwankungen vermeiden
- Standort so wenig wie möglich wechseln

Giessen:
- wenn sich die Erde trocken anfühlt
- eher zu knapp als zu viel
- abgestandenes, zimmerwarmes oder Regenwasser verwenden
- stehende Nässe im Unterteller vermeiden
- Ruhezeiten beachten

Düngen:
- Gebrauchsanweisung befolgen

Laufende Kleinarbeiten:
- Erde lockern
- Blätter feucht abstauben, überbrausen oder gelegentlich unter warmen Regen stellen
- welke, verblühte Teile entfernen
- Zurückschneiden
- Ungezieferkontrolle
- Topf und Unterteller sauber halten

Aufbinden/Stützen:
- Stützen mit Bambus-, Holzstab oder Kunststoffspalier
- mit Bast unter einem Blattknoten binden

Umtopfen:
- bei zu kleinem Topf und/oder verbrauchter Erde
- Ruhezeiten beachten: *nie* während der Blütezeit

- Ton- oder Plastiktöpfe verwenden
- neue Tontöpfe gut wässern
- fertige Erdmischung im Fachhandel kaufen

Austopfen durch Aufstossen der Topfkante.

Schlechte und überflüssige Wurzeln entfernen. Topfballen auflockern. Äussere Erdschicht abstreifen.

Abzugsloch des neuen Topfes mit Scherben decken. Rings um den Topfballen neue Erde anfüllen.

Nur so viel anfüllen, dass nach dem Andrücken ein Giessrand von etwa 2 cm frei bleibt.

Einfache Vermehrungsarten

Vermehren durch Aussaat

Vermehren durch Stockteilung

Vermehren durch Ableger

Vermehren durch Steckling

Stecklingsvermehrung am Beispiel der Tradeskantie

- Trieblänge etwa 7 bis 10 cm; unter dem Blattansatz mit scharfem Messer schneiden
- Triebe direkt in die Erde einpflanzen oder bis zur Wurzelbildung ins Wasser stellen
- Topf mit Erde füllen, andrücken; dem Topfrand entlang Öffnungen anbringen, je nach Topfgrösse für 5 bis 7 Triebe
- Steckling einpflanzen, sorgfältig andrücken
- Sorgfältig giessen, Topf auf Unterteller stellen

Hydrokultur

Zimmerpflanzen ohne Erde.

Diese erdlose Pflanzenkultur braucht:
- Spezialgefässe
- Füllsubstrat
- Nährlösung

Hydrokulturen sind pflegeleicht. Wie andere Zimmerpflanzen gedeihen auch sie nur unter Berücksichtigung ihrer Lebensbedingungen (→ Zimmerpflanzen).

Pflegearbeiten
- Der Wasserstandsanzeiger zeigt, wann und wie viel Wasser (eventuell mit Nährlösung) nachgegossen werden muss
- Wenn möglich weiches Wasser verwenden
- Ein- bis zweimal jährlich Wasser restlos aus dem Topf entfernen und diesen gut ausspülen

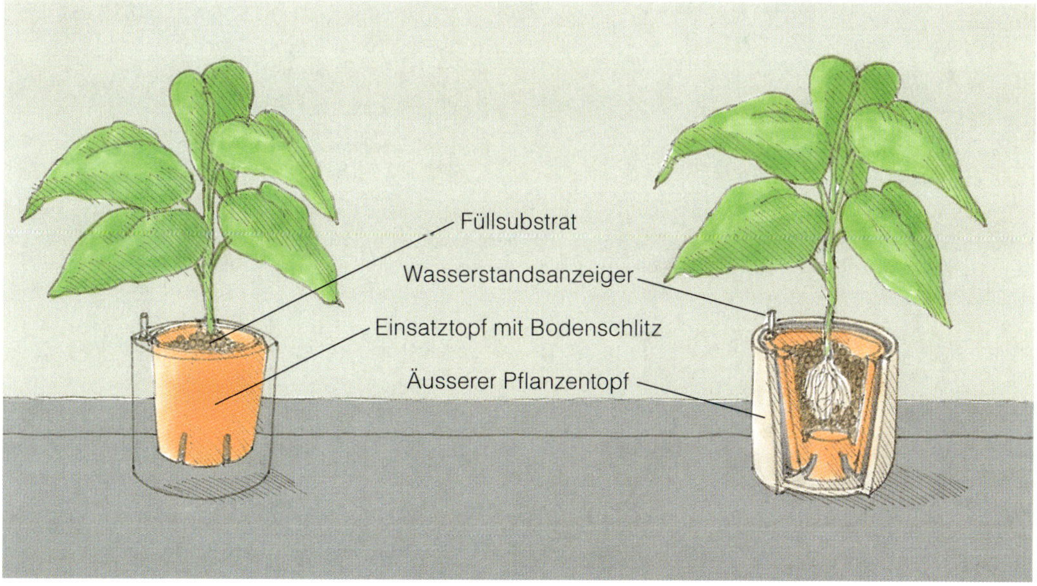

Werkstoffe und ihre Pflege

Für den Möbel- und Innenausbau werden viele verschiedene Werkstoffe verwendet:

Werkstoffübersicht
Holz, Holz-Mischprodukte, Kunststoffe, Metalle, Textilien, Stein (Marmor, Schiefer, Granite), Keramik, Glas ...

Diese Werkstoffe haben verschiedene Eigenschaften. Deshalb können sie verschieden bearbeitet und für unterschiedliche Zwecke verwendet werden.

Das Beispiel «Möbel» zeigt dies deutlich auf. Abgesehen von Textil- und Lederelementen stehen hier vor allem drei Werkstoffe im Vordergrund:

Holz – Holz-Mischprodukte – Kunststoffe

Holz
Holz ist ein natürlich gewachsenes, lebendiges Material, das sich je nach Art in Weich- oder Hartholz einteilen lässt (Weichholz: z.B. Tanne, Hartholz: z.B. Buche, Eiche).

Zur Verschönerung, zum Schutz und zur Erleichterung der Pflege kann die poröse Oberfläche des Holzes behandelt werden.

Holz-Mischprodukte
Holzqualitäten, welche zur Massivholzverarbeitung nicht in Frage kommen, werden speziell zugerichtet, in Fasern zerkleinert und zusammen mit Leim industriell zu Platten verarbeitet.

Kunststoffe
Kunststoff ist ein Sammelbegriff für eine Vielfalt von Materialien, die entweder aus Naturstoffen gewonnen und verändert oder chemisch hergestellt werden. Je nach Zusammensetzung und Verarbeitung können die Eigenschaften des Endproduktes beeinflusst werden:

Zum Beispiel weich oder hart, hitzeempfindlich oder hitzeunempfindlich.

Die gleichen Werkstoffe haben oft, je nach Möbelfabrikat oder Möbelgeschäft, verschiedene Namen. All diese Werkstoffe haben Vor- und Nachteile. Im folgenden Wörterkatalog sind einige davon aufgeführt.

Wörterkatalog
Dieser Wörterkatalog hilft mit, den geeigneten Werkstoff für das zu wählende Möbelstück zu finden.

- ☐ warm ☐ kalt
- ☐ hart ☐ weich
- ☐ porös ☐ nichtporös
- ☐ oberflächenbehandelt
- ☐ unbehandelt
- ☐ maseriert – grobfaserig
  – feinfaserig
- ☐ kratzempfindlich
- ☐ hitzeempfindlich
- ☐ feuchtigkeitsempfindlich
- ☐ fleckenempfindlich
- ☐ druck-/schlagempfindlich
- ☐ Verarbeitungsart
- ☐ Reparaturmöglichkeit
- ☐ Pflegeaufwand

Beim Kauf von neuen Möbeln sollten deshalb immer folgende Hauptkriterien überlegt werden:
- Verwendung, Einsatz, Funktion
- Form, Farbe
- Preis
- Einkaufsüberlegungen (siehe Seiten 95/226)

Werkstoffübersicht:

	Holz	**Holz-Mischprodukte**	**Kunststoffe**
Holz	• Massivholz (Hart- und Weichhölzer, unverleimt – verleimt) • Furnier	• Furnierte Spanplatte	
Holz-Mischprodukte		• Tischlerplatte • Sperrholzplatte • Spanplatte • Hartfaserplatte • MDF-Platte = mitteldichte Faserplatte	• Kunstharzplatte • kunstharzbeschichtete Span- und Hartfaserplatte • Folienbeschichtete Spanplatte
Laminat		• HDF-Platte = hoch verdichtete Faserplatte	• Kunststofffolie
Kunststoffe			• Polyester • PVC-Folien, • Kunstharze

Reinigung und Pflege		Hinweise, Tipps
Unbehandeltes Holz	Abwaschen oder mit Scheuermittel fegen. Nicht zu lange im Wasser liegen lassen. An der Luft trocknen.	Rüstbretter vor Gebrauch kalt abspülen. Nicht in der Geschirrspülmaschine reinigen. Nicht auf der Heizung trocknen lassen. Trocken versorgen. Gelegentlich mit Pfeifenerdebrei bestreichen, eintrocknen lassen, fegen, gut spülen, trocken versorgen.
Behandeltes Holz, geschlossenporig (Klarlack, farbig lackiert, lasiert)	Je nach Verunreinigung trocken oder feucht abreiben, eventuell mit Zusatz von Allzweckreiniger abwaschen, nachtrocknen.	Keine Scheuermittel verwenden.
Offenporig (Öl, Wachs)	Trocken oder feucht abreiben.	Geölte Gegenstände nach Bedarf mit Öl (eventuell Leinöl) oder Spezialöl behandeln.
Kunststoff Laminat	Je nach Verunreinigung feucht abreiben oder mit Zusatz von Allzweckreiniger abwaschen, nachtrocknen.	Keine Scheuermittel verwenden. Vorsicht mit chemischen Reinigungsmitteln. Grosse Temperaturunterschiede meiden → Rissbildung. Sich im Fachhandel nach Gebrauchseigenschaften erkundigen.

Bodenbeläge und ihre Pflege

Holz unversiegelt, z. B. Riemenboden
- Wischen oder staubsaugen, eventuell feucht wischen mit Beigabe von Wischwachs
- Gelegentlich aufwaschen
- Fegen mit Schmierseife oder Allzweckreiniger
- Spänen oder mit Wachslösungsmittel behandeln
- Einwachsen, glänzen

Holz versiegelt, z. B. Parkett
- Wischen oder staubsaugen
- Eventuell feucht wischen
- Gelegentlich mit Hartwachs einwachsen
- Versiegelung vor Kratzern schonen

Kork versiegelt
- Wie Holz versiegelt

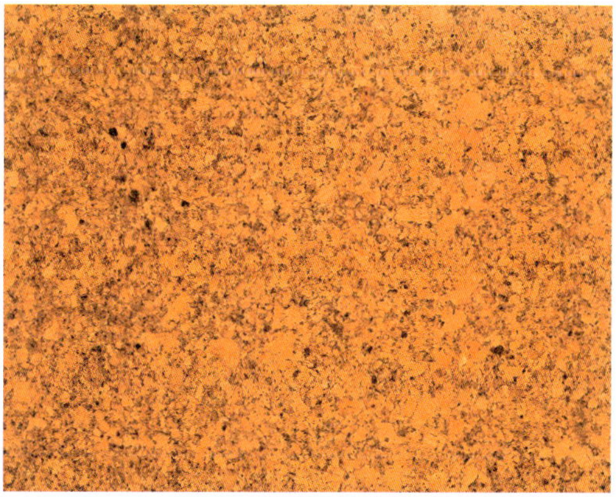

Linoleum
- Wie Holz unversiegelt
- Aber nicht fegen, nicht spänen

Naturstein
- Wischen oder staubsaugen
- Eventuell feucht wischen
- Aufwaschen, Fegen mit Schmierseife oder Allzweckreiniger

Kunststein/Kunststoff
- Wie Naturstein

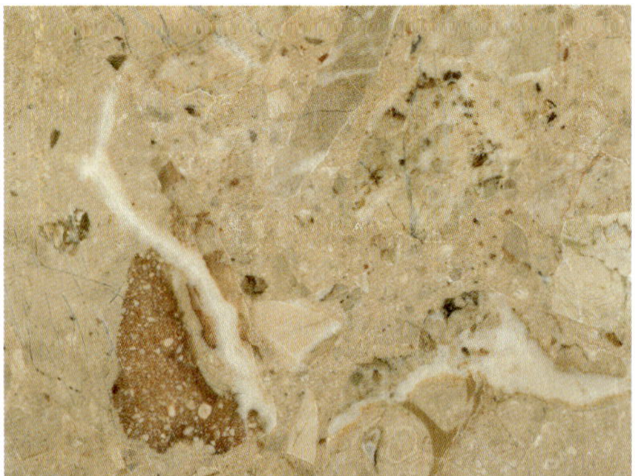

Keramik

Platten unglasiert, behandelt:
- wie Naturstein, zusätzlich evtl. wachsen oder einölen

Platten unglasiert, roh:
- wie Naturstein

Platten glasiert:
- wie Naturstein

Laminat
- Wischen oder staubsaugen
- Eventuell feucht wischen
- Grosse Nässe vermeiden

Textil
- Siehe Teppiche Seite 120

Eine Vielfalt von Bodenbelägen steht zur Verfügung. Je nach Zweck und Beanspruchung der Räume werden die Materialien ausgewählt. Nur ein Belag, der in Bezug auf Aussehen, Strapazierfähigkeit und Pflegeaufwand den Wünschen entspricht, kann auf die Dauer befriedigen.

Teppiche

Als textiler Bodenbelag sind Teppiche zu einem wesentlichen Gestaltungselement der Wohnung geworden.

Sie verbreiten Wohnlichkeit und Wärme, wirken isolierend und schalldämpfend.

Im Handel sind *Auslegeteppiche* und *Einzelteppiche/Milieuteppiche.*

Zu den Auslegeteppichen werden gezählt:
- lose verlegte Teppiche
- vollflächig verklebte Teppiche
- gespannte Teppiche

Zu den Einzelteppichen gehören alle fertig verarbeiteten Einzelstücke.

Das Teppichangebot ist gross. Beanspruchung, Material, Verarbeitung und Pflegeaufwand bestimmen die Auswahl.

Teppiche werden auf Wunsch des Herstellers von neutraler Stelle (EMPA) geprüft, mit Symbolen gekennzeichnet und in Verwendungsbereiche eingeteilt.

Kennzeichnung der Verwendungsbereiche

Leichte bis mittlere Beanspruchung

zum Beispiel:
- Schlafzimmer
- Gästezimmer

Starke Beanspruchung

zum Beispiel:
- Wohnzimmer
- Esszimmer
- Kinderzimmer
- Korridor

Sehr starke Beanspruchung

zum Beispiel:
- Arbeitszimmer
- Bastelraum
- Schulen
- Restaurants
- Schalterhallen

Ergänzungszeichen für spezielle Beanspruchung

Geeignet für Rollstuhl

Antistatisch

Geeignet für Treppen

Geeignet für Bodenheizung

Geeignet für Feuchtraum

Geeignet für Outdoor

Bisher wurden die Teppiche nur nach dem Strapazierwert eingeteilt. Eine neue Einteilung berücksichtigt Strapazier- und Komfortwert.

EMPA geprüft Nr. 99'99999							
Strapazierwert				Komfortwert			
extrem	stark	normal	gering	einfach	gut	hoch	luxuriös

Der linke Teil gibt Auskunft über den Strapazierwert, der gering, normal, stark oder extrem sein kann. Der rechte Teil gibt Auskunft über den Komfortwert, der in einfach, gut, hoch und luxuriös aufgeteilt ist.

Teppichmaterialien

Materialien
Natur und Chemie bieten eine Menge von Materialien mit unterschiedlichen Eigenschaften und Qualitäten an.

Material	Eigenschaften
Naturfasern	
Wolle	Warm, elastisch, seidiger Glanz, schmutz- und wasserabstossend
Baumwolle	Schmutzempfindlich, waschbar
Sisal/Kokos	Sehr strapazierfähig, hart, feuchtigkeitsempfindlich, fleckenempfindlich, nützt sich rasch ab
Chemiefasern	
Synthetisches Material	Sehr strapazierfähig, weich, auffälliger Glanz, «seifiger Griff», nimmt Geruch an, waschbar. Je nach Art der Chemiefaser und deren Verarbeitung ändern sich die Eigenschaften.

Flor und Grundgewebe werden aus verschiedenem Material hergestellt.

Für das *Grundgewebe* (Zettel) werden Chemiefasern bevorzugt.

Beim *Flor* sind Materialmischungen möglich. Diese beeinflussen Preis und Qualität.

Teppichherstellung

Nach dem Aussehen unterscheidet man:
- Flachteppiche
- Florteppiche

Flachteppiche

Unbeschichtete Webteppiche sind beidseitig verwendbar.

Nadelfilzteppiche können auch als einzelne Platten verlegt werden.

Florteppiche

Schlingenflor = Bouclé

Schnittflor = Velours

Der Flor wird in das Grundgewebe eingewoben, eingeknüpft, geklebt oder eingestickt (getuftet).

1 Flor
2 Grundgewebe
3 Beschichtung
(bei Auslegeteppichen)

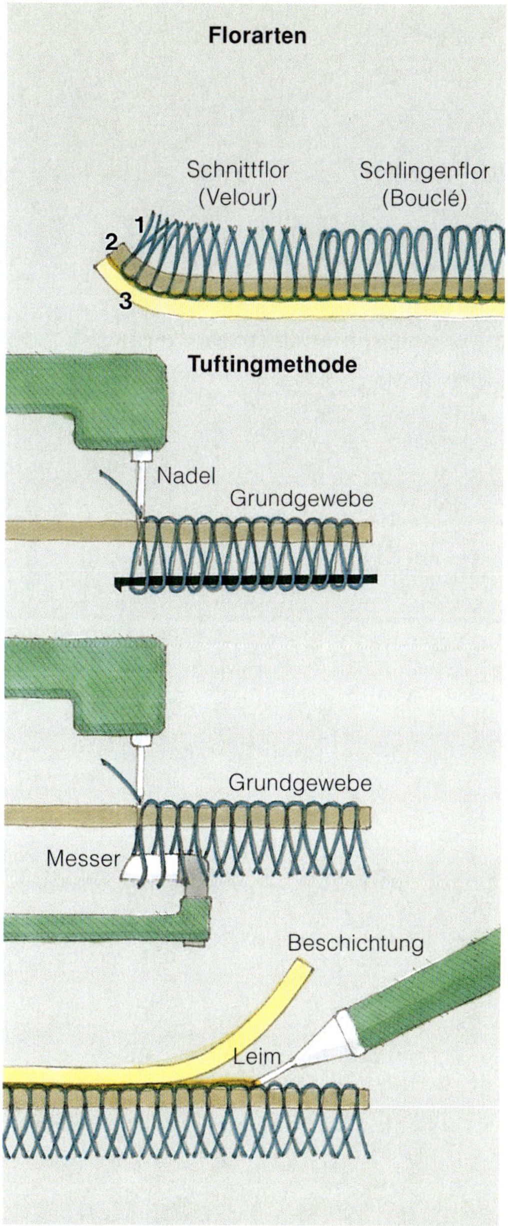

Tufting

Tufting ist die häufigste Herstellungsmethode. Die Florfäden werden maschinell in ein vorgefertigtes Grundgewebe eingestickt.

Die Rückseite wird verleimt, um ein Ausschlüpfen der Florfäden zu verhindern. Die Beschichtung verbessert die Trittfestigkeit und die isolierende Wirkung.

Tuftingteppiche sind randlos und können beliebig gross geschnitten werden.

Orientteppiche

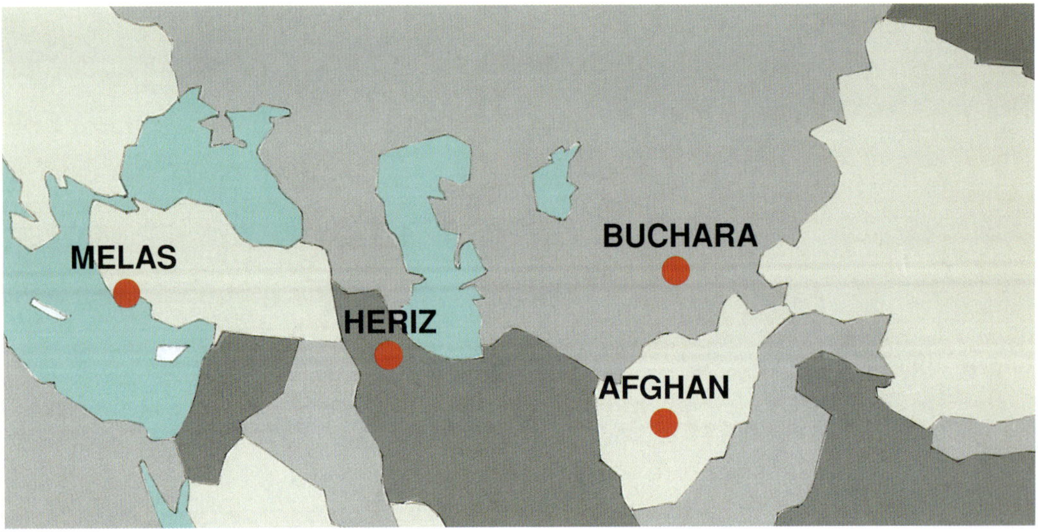

Orientteppiche werden aus Wolle oder Seide von Hand geknüpft. Jeder Teppich ist ein Einzelstück und ein typischer Vertreter eines ganz bestimmten Knüpfgebietes.

Nach alter Tradition werden Farben und Motive seit Jahrhunderten überliefert. Religion, Kultur und Schicksal eines Volkes widerspiegeln sich in den einzelnen Knüpfmotiven.

Der Kauf von echten, insbesondere von alten Orientteppichen verlangt erhebliche Geldmittel und ist Vertrauenssache.

Afghan

Heriz

Tipps für Einkauf und Pflege

Einkaufsüberlegungen

Verwendung
- Bereich, Beanspruchung, Nutzungsdauer
- Auslegeteppiche, Einzelteppich
- Verlegungsmethode

Reinigung
- Material
- Farbe
- Herstellung

} Pflegeaufwand

Form
- Masse
- Weitere Verwendbarkeit bei Wohnungswechsel

Aussehen
- Farbe
- Muster
- Herstellung
- Material
- Gesamtwirkung
- Kombinierbarkeit

Weitere Überlegungen
- Teppiche als Liebhaberobjekte sind kostspielige Anschaffungen

Siehe Einkaufsüberlegungen Seite 226

Reinigung und Pflege	Hinweise, Tipps
– Verschüttete Flüssigkeit sofort auftupfen – Nach Bedarf staubsaugen, rollern – Flecken so rasch wie möglich behandeln → siehe Blatt Fleckenentfernung, Seite 203 – Stark begangene und verschmutzte Stellen gelegentlich schamponieren	– Türvorlagen, Schmutzschleusen benutzen, Hausschuhe tragen – Unter lose Teppiche Gleitschutz legen – Teppiche nie auf feuchtem Boden ausbreiten – Leicht bewegliche Möbel mit Gleitern, schwere mit «Untersätzli» versehen – Gelegentliches Verschieben der Möbel hilft Druckstellen vermeiden – Eventuell entstandene Druckstellen aufbürsten oder mit Dampf auffrischen

Das Bett

Der Mensch verbringt etwa einen Drittel seines Lebens im Bett. Der Schlaf dient zur Erholung und Entspannung.

Der tiefe Schlaf hängt nicht vom Aussehen, sondern unter anderem von der Qualität eines Bettes ab.

Es gibt viele gute Betten, jedoch nur wenige, die den individuellen Bedürfnissen entsprechen.

Anforderungen:
- genügend gross
- Wirbelsäule stützend
- Wärme spendend
- Feuchtigkeit ausgleichend

Das Bett soll den Körper anatomisch richtig stützen, das heisst, Unter- und Obermatratze müssen aufeinander abgestimmt sein und dem Körpergewicht Rechnung tragen. Nur so kann sich die Wirbelsäule entspannen und ihre natürliche Form erhalten.

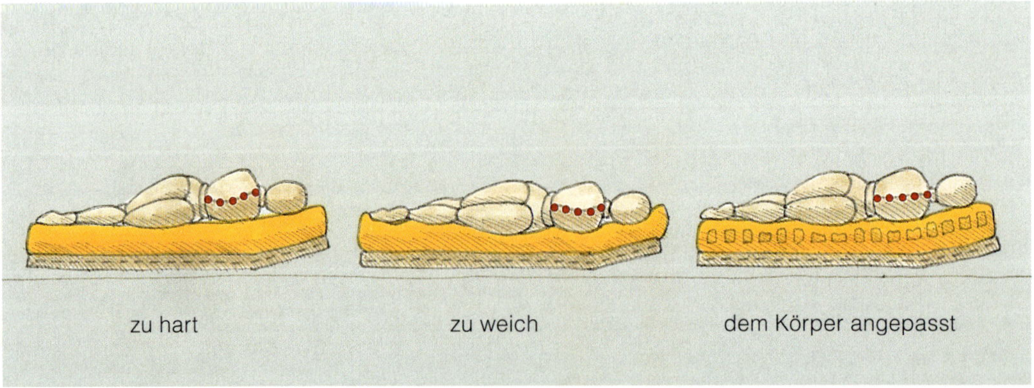

Matratzen

Untermatratze
Die Untermatratze ist der Träger der Obermatratze und hilft mit, den Körper zu stützen.

Zu beachten:
- flexible Federung
- verstellbarer Kopf- und Fussteil
- evtl. Mittelzonenverstärkung
- evtl. elektrisch verstellbarer Einlegerahmen mit Infrarotsteuerung
- eventuell Kufen oder Beine am Rahmen direkt befestigt
- evtl. eingebauter Bettzeugkasten
- Matratzenschoner fixiert und schützt die Obermatratze vor übermässiger Abnützung

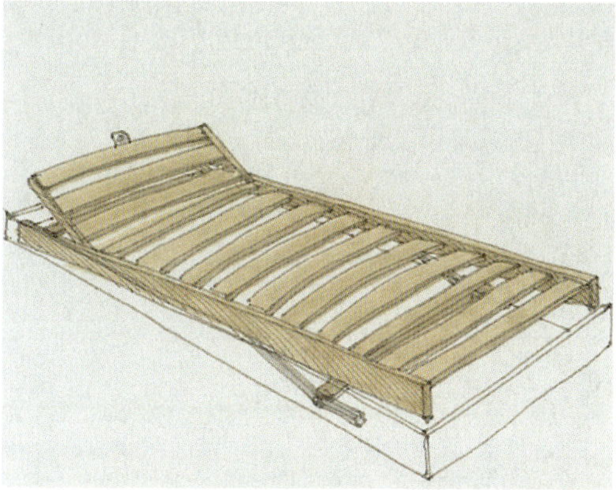

Obermatratze
Die Obermatratze trägt wesentlich zum Schlafkomfort bei.

Aufpolsterung,
mögliche Materialien:

– Schafschurwolle – Kamelhaar – Naturseide – Rossschweifhaar – Wolle – Kapok, Baumwolle	wärmeregulierend feuchtigkeitsausgleichend atmungsaktiv

Die individuellen Ansprüche können mit der Wahl des Kerns und der Aufpolsterung befriedigt werden.

Der Kern, eventuell mit Mittelzonenverstärkung, sowie die Aufpolsterung beeinflussen Qualität und Preis.

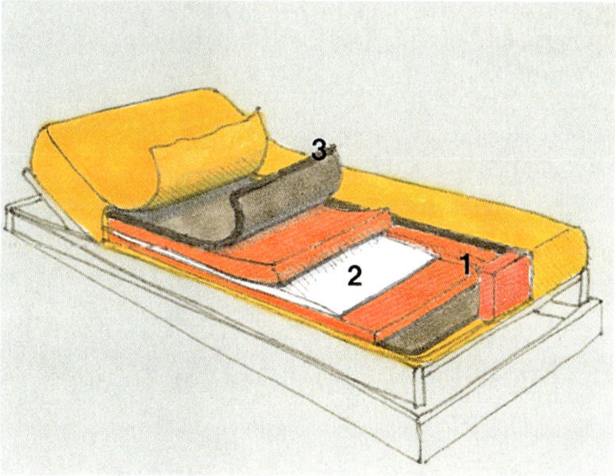

Zum Beispiel: Schaumstoff (1) mit Mittelzonenverstärkung (2) und Aufpolsterung (3).

Decken und Kissen

Decken
Bettfedern ist der Sammelbegriff für Geflügelfedern, Federchen und Daunen, die als Füllung für Bettwaren verwendet werden. Die besten Federn liefern Gänse und Enten. Je grösser die Daunenflocken, umso besser die Füllkraft. Mischungen sind möglich.

Weitere geeignete Füllmaterialien:
- Schafschurwolle
- Kamelhaar
- Cashmere
- Baumwolle
- Seide
- Cellulose
- synthetische Fasern

Anforderungen:
- leicht
- anschmiegsam
- wärmespendend
- feuchtigkeitsregulierend
- temperaturausgleichend

Daunen

Federchen

Kissen
Für die Stützfunktion sind Federn geeignet.

Weitere Füllmaterialien:
- Schafschurwolle
- Schurwolle
- Rosshaar
  Hiroc
- Dinkel
- Cellulose
- synthetische Fasern

Anforderungen:
- stützend
- feuchtigkeitsregulierend
- temperaturausgleichend

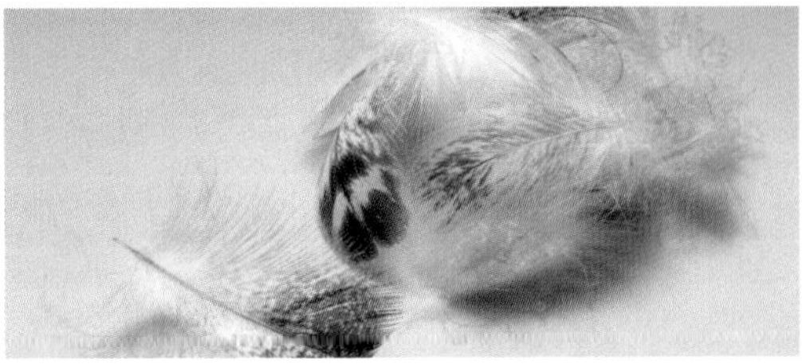

Federn

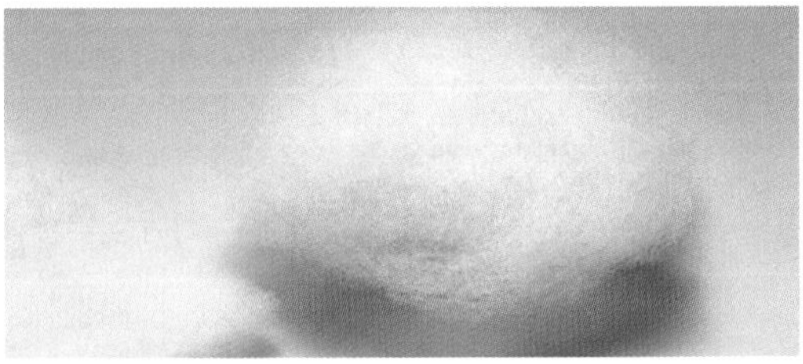

Synthetisches Füllmaterial

Tipps für Einkauf und Pflege

Einkaufsüberlegungen für Betten und Matratzen

Verwendung
- Beanspruchung, individuelle Ansprüche
- Kombinationsmöbel (Bett-Sitzmöbel)

Reinigung
- Material
- Konstruktionen

Form
- Grösse
- Bett-Typen
- Stellmöglichkeiten

Handhabung
- Grösse, Gewicht
- Beweglichkeit
- Bodenabstand:
  - Bequem zum Betten
  - Praktisch im Krankheitsfall
  - Gewährleistet die Bodenpflege

Weitere Überlegungen
- Zerlegbarkeit für Transport
- Waschbarer Matratzenüberzug
- Doppelbett verschiebbar

Einkaufsüberlegungen für Decken und Kissen

Verwendung
- Beanspruchung, individuelle Ansprüche

Reinigung
- Füllmaterial
- Überzugsstoffe

Form
- Grösse
- Verarbeitung

Handhabung
- Grösse, Gewicht

Weitere Überlegungen
- Decken abgesteppt
- Schlafgewohnheiten konventionell/nordisch
- Nordisch: eventuell Decken kombinierbar Sommer/Winter

Für Allergiker sind komplette Allergikerprogramme erhältlich.

Siehe Einkaufsüberlegungen Seite 226

Reinigung und Pflege		**Hinweise, Tipps**
Untermatratzen	– Holz; Kunststoff: trocken oder feucht entstauben – Metall: nur trocken reinigen	
Obermatratzen	– Auslüften – Aufstellen – Staubsaugen	– Nach Bedarf auffrischen und erneuern
Decken/Kissen Tierisches Füllmaterial	– Auslüften, aufschütteln – Nie staubsaugen – Nie schlagen! – Nie direkter Sonnenbestrahlung aussetzen	– Vor Feuchtigkeit schützen – Decken bei Bedarf auffrischen lassen – Kissen nach drei bis fünf Jahren ersetzen
Synthetisches Füllmaterial	– Auslüften – Waschen nach Notwendigkeit	– In genügend grosser Waschmaschine waschen – Textilpflegeetikette beachten – Für Allergiker geeignet

Tisch decken

Einige Hinweise zum Decken des Tischs
- Sauberkeit ist wichtig: Person, Raum, Geschirr, Besteck, Gläser, Tisch, Tischwäsche
- Geschirr und Besteck dem Menü und der Personenanzahl anpassen
- Sets oder Tischtuch auflegen
- Nach Notwendigkeit Servierbrett einsetzen

Gedecke auflegen:
- Teller am Rand anfassen
- Gläser aussen anfassen
- Vorlegebesteck bereitlegen
- Untersätze, Plattenwärmer bereithalten
- sorgfältig arbeiten
- Kontrolle auf Vollständigkeit

Alltagsgedeck
Gleichmässiger Abstand zwischen Teller, Besteck, Glas und Tischkante beachten. Besteck nicht unter den Tellerrand verstecken.

Festtagsgedeck
Das Festtagsgedeck ist ein erweitertes Alltagsgedeck. Das Besteck liegt so, dass es der Reihe nach von aussen nach innen und mit der entsprechenden Hand gebraucht wird.

Gastfreundschaft

Die Gastfreundschaft ist eine Sache des Herzens und nicht des Geldbeutels. Einladungen können spontan oder geplant erfolgen.

Aus dem Merkbuch des Gastgebers

Einladen
- Mündlich, telefonisch oder schriftlich
- Gäste informieren über:
  - Zeitpunkt
  - Ort und Art der Einladung
  - Zusammensetzung der Gäste

Gäste
- Gästezahl entsprechend den Platz- und Raumverhältnissen

Menü
- Für Einladungen geeignet
- Dem Anlass angepasst
- Nicht zu ausgefallen
- Zeitlichen und finanziellen Aufwand berücksichtigen

Organisation
- Einkauf
- Zeitplan
- Tischordnung, evtl. umstellen, Zusatztische
- Gedecke, Tischdekorationen, Raumschmuck
- Sitzordnung
- Zeit für die Gäste

Servicetipp
- Man gibt und nimmt von rechts und bietet von links an

Anregungen zum Tischschmuck

Blumen:
- niedrig stecken oder stellen
- stark duftende Blumen vermeiden

Kerzen:
- Schutz vor Wachstropfen anbringen

Essbare Dekorationen:
- können im Menü eingeplant oder den Gästen mitgegeben werden

Tischkärtchen:
- können die Tischordnung erleichtern

Servietten:
- Stoffservietten, leicht gestärkt, lassen sich besser falten

Der Tisch sollte nicht überladen wirken, Farben und Formen sollten harmonisch übereinstimmen.

Aus dem Merkbuch der Gäste
- Im Verhinderungsfall frühzeitig abmelden
- Pünktlich erscheinen
- Gute Laune mitbringen
- Sich bedanken, eventuell kleines Geschenk mitbringen

Servietten falten: 4 Beispiele

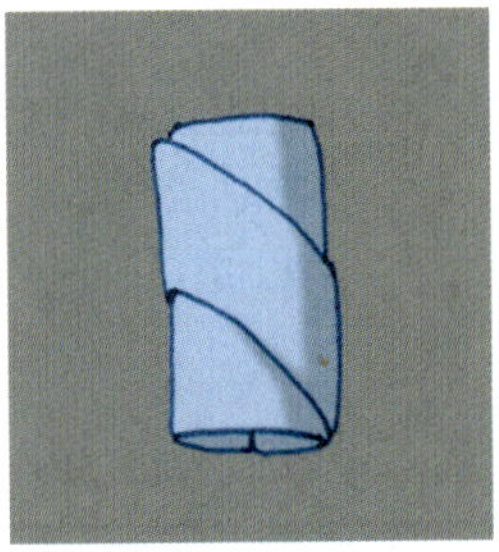

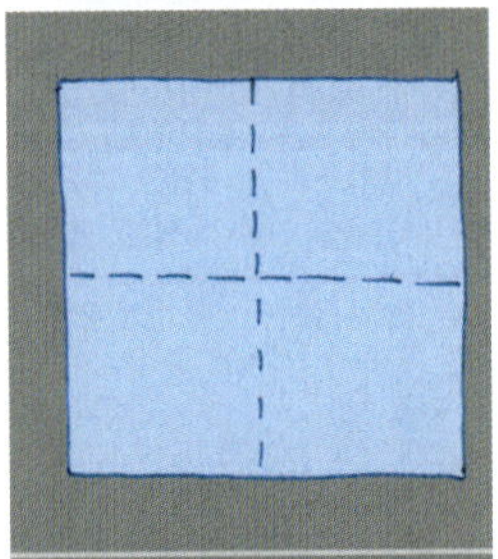

Serviette im Kreuzbruch zum Quadrat falten. (Offene Ecken liegen rechts oben.)

Ecke der oberen Lage diagonal auf die Mitte legen, falten.

Im oberen Dreieck Bruchlinie nochmals zur diagonalen Mittellinie zur unteren Ecke legen.

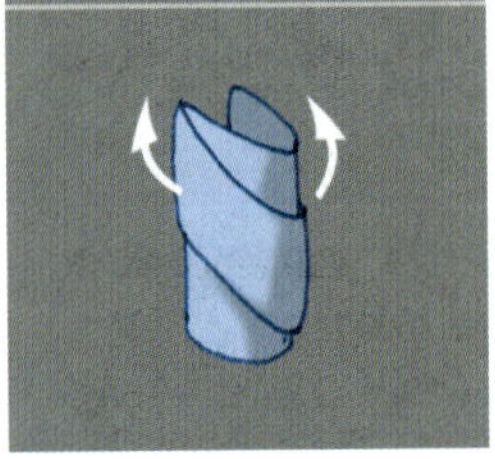

Serviette senkrecht in der Mitte falten.

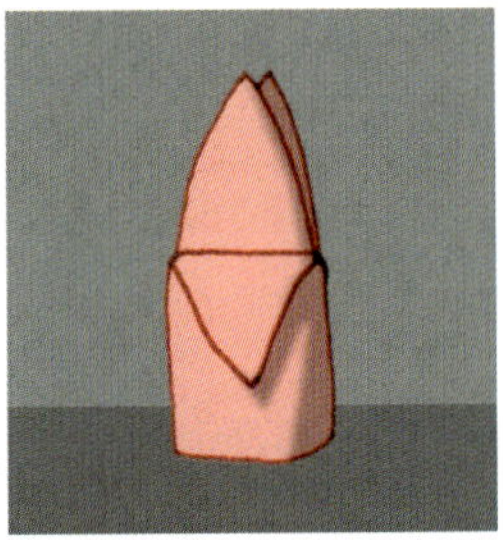

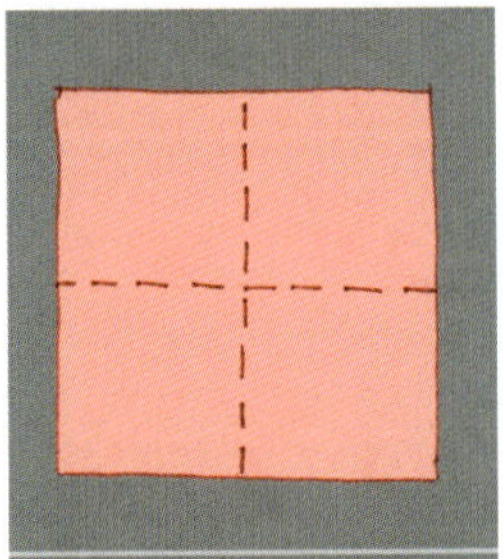

Serviette im Kreuzbruch zum Quadrat falten. (Offene Ecken liegen rechts oben.)

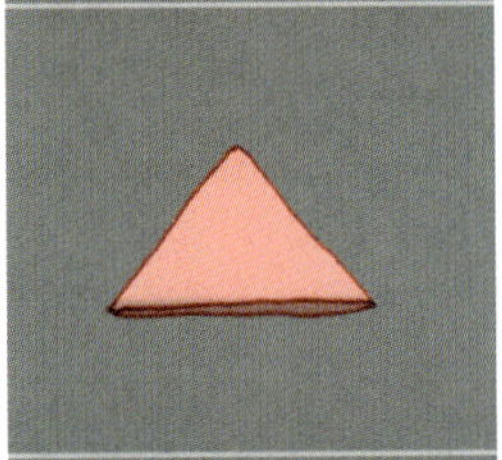

Linke untere Ecke diagonal nach oben legen. Es entsteht ein Dreieck.

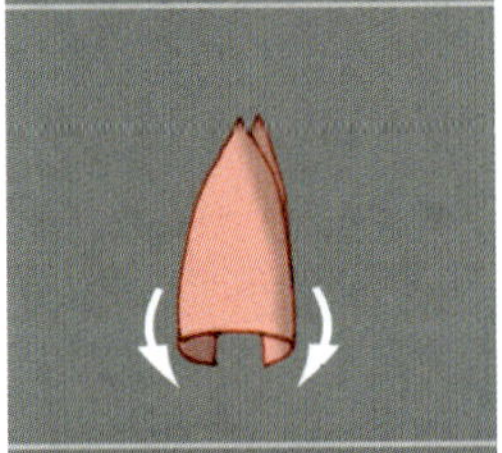

Seitliche Ecken nach hinten biegen und ineinander stecken.

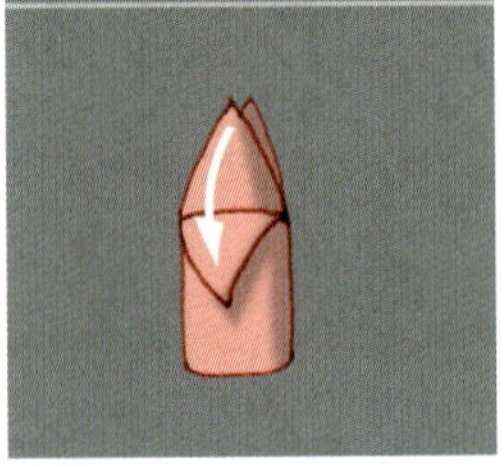

Eventuell mittlere Ecke der oberen Stofflage nach unten biegen.

Serviette vierteln
und diagonal hinlegen.

Eine Ecke zur Hälfte
umfalten und eine Falte
legen.

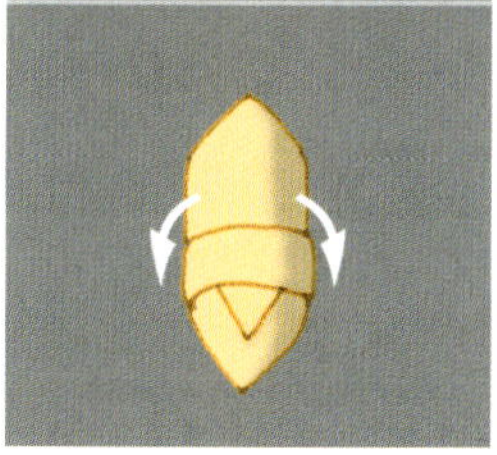

Die seitlichen Ecken
nach hinten
einschlagen.

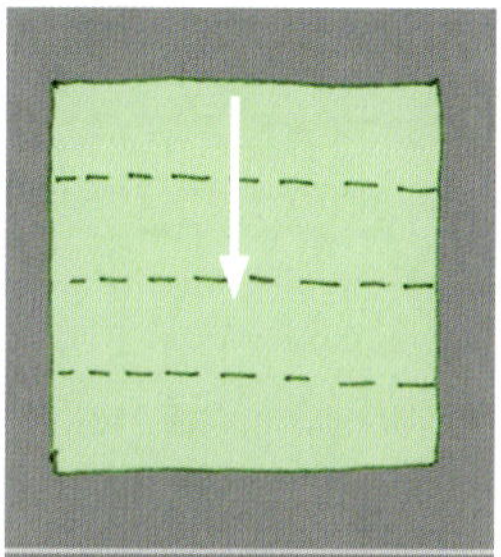

Offenes Quadrat
2x in gleicher Richtung
falten. (Offene lange
Seiten sind oben.)

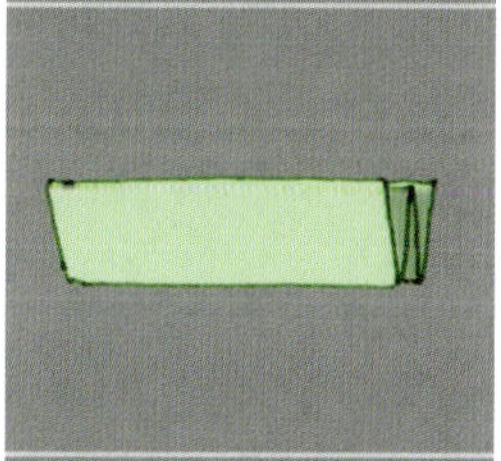

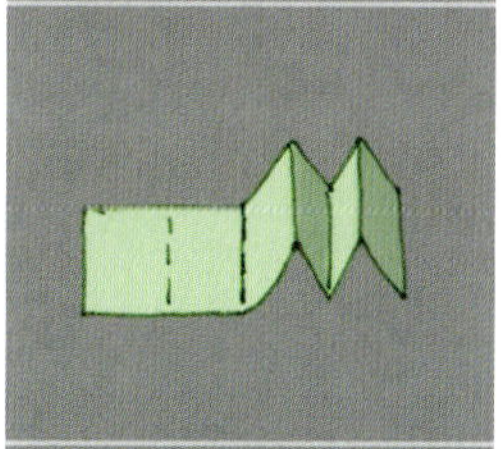

Ziehharmonika
In ca. 2 fingerbreite
Falten legen, streichen.

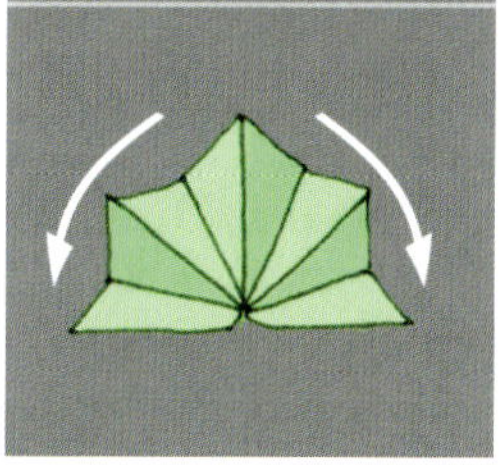

Zum Fächer aufstellen.

Geschirr, keramische Erzeugnisse

Keramik ist ein Sammelbegriff und umfasst sämtliche Gegenstände, die aus Ton hergestellt werden.

Keramische Erzeugnisse oder Tonwaren gehören zu den ältesten Gebrauchsgegenständen des Menschen.

Das Wort *Keramik* stammt aus dem Griechischen. Im alten Griechenland hiess der Töpfer «Kerameus» und der Ton «Keramos».

Rohstoff aller keramischen Erzeugnisse ist der Ton. In der Natur kommt er als Mineraliengemisch, wie zum Beispiel als Tonsubstanz, Quarz, Feldspat usw., vor.

Reiner, weisser Ton wird *Kaolin* → Porzellanerde genannt.

Ton ist eine modellierbare, wasserhaltige Masse, die von Hand auf der Töpferscheibe geformt oder mit Hilfe von Gipsformen gegossen oder gepresst wird.

Anschliessend wird der Gegenstand getrocknet und bei unterschiedlich hohen Temperaturen gebrannt.

900° bis 1100° C werden als niedere Brenntemperaturen bezeichnet
= Vorbrand/Glühbrand.

1200° bis 1500° werden als hohe Brenntemperatur bezeichnet
= Glattbrand/Sinterbrand.

In der Regel werden keramische Erzeugnisse zweimal gebrannt:
- Vorbrand bei niedrigen Temperaturen
- Glattbrand bei höheren Temperaturen

Nach dem Brennen wird der geformte Ton als *Scherben* bezeichnet.

Je nach Zusammensetzung des Tons und dessen Verarbeitung wird unterschieden:

Tonwaren mit porösem, weniger hartem Scherben:

- TONGUT
  - Irdengut
    - Engobenware
    - Fayence
    - Unglasierte Ware
  - Steingut

Tonwaren mit *nichtporösem,* sehr hartem Scherben:

- TONZEUG
  - Steinzeug
  - Porzellan

Porös: wasserdurchlässig, brüchiger
Nichtporös: wasserdicht, weniger brüchig

Die Grenzen zwischen den einzelnen Warengruppen aus Ton sind nicht einfach festzustellen. Es sind ständig Weiterentwicklungen im Gange.

Glasur und Dekor

Glasuren sind glasartige Überzüge, machen den porösen Scherben wasserdicht und verleihen ihm eine glatte Oberfläche, die leicht gereinigt werden kann.

Es werden zwei Arten von Glasurdekorationen unterschieden:

Unterglasurdekor

Die Verzierung wird auf die unglasierte, glatt gebrannte Ware aufgetragen. Die Verzierung liegt unter der Glasur.

- Engobenware
- Steingut
- Dekoriertes Steinzeug

Aufglasurdekor

Die Verzierung wird auf die eingebrannte Glasur gebracht. Solche Dekors verblassen mit der Zeit und sind nicht immer spülmaschinenfest.

Porzellan-Inglasurdekor: Die Verzierung wird auf die glasierte, glatt gebrannte Ware aufgetragen. Beim hohen Brennen sinkt die Verzierung in die Glasur ein.

Unterglasur- und Inglasurdekor sind vor mechanischen und chemischen Einflüssen geschützt und spulmaschinenfest.

Glasuren können gesundheitsschädigende Stoffe enthalten, z.B. Blei.

Die gesetzlichen Bestimmungen sind in der Lebensmittelverordnung enthalten.

Das Lebensmittelinspektorat hat den Auftrag, stichprobenweise das mit Lebensmitteln in Berührung kommende Geschirr zu prüfen.

Tonwaren mit nichtporösem Scherben

Keramische Bezeichnung = *Tonzeug*

Grobsteinzeug
- Ein- bis zweimal gebrannt bei hohen Temperaturen
- Gelblich-grauer bis bräunlicher Scherben
- Dicht, hart, widerstandsfähig
- Matte und glänzende Glasur

Verwendung:
- Einmachtöpfe
- Krüge

Feinsteinzeug
- Zweimal gebrannt
- Hellgrauer bis gelblicher Scherben
- Grosse Vielfalt an Glasurarten

Verwendung:
- Gebrauchsgeschirr

Porzellan
- Zweimal gebrannt bei hohen Temperaturen und zusätzlichen Dekorbränden
- Bei feinem Porzellan durchscheinender Scherben
- Dicht und sehr hart
- Reichhaltige Verzierungsmöglichkeiten

Verwendung:
- Geschirr
- Elektroporzellan
- Sanitärporzellan

Tonwaren mit porösem Scherben

Keramische Bezeichnung = *Tongut*

Irdengut
- Engobenware
- Fayence
- Unglasierte Ware
- Ein-bis zweimal gebrannt
- Brauner bis rot-gelblicher Scherben
- Mit oder ohne Glasur

Verwendung:
- Blumentöpfe
- Geschirr
- Römertopf
- Ofenkacheln

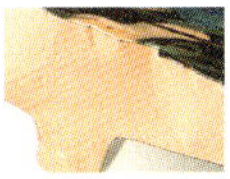

Hartsteingut
- Ein- bis zweimal gebrannt
- Weisslicher Scherben
- Dichter, härter als Irdengut
- Glasuren durchsichtig oder farbig

Verwendung:
- Geschirr

Einkaufsüberlegungen

Verwendung
- Einsatz
- Menge

Reinigung
- Spülmaschineneignung
- Handreinigung

Form
- Stapelbarkeit

Handhabung
- Griffe
- Deckel
- Ausguss
- Standfläche

Reinigung und Pflege
Siehe Glas Seite 142

Weitere Überlegungen
- Fabrikzeichen lassen die Herkunft erkennen,

  zum Beispiel:
  Zeichen für Meissen-Porzellan

  zum Beispiel:
  Zeichen für Langenthaler-Porzellan

  Einzelstücke verschiedener Manufakturen sind beliebte Sammelobjekte.

Siehe Einkaufsüberlegungen Seite 226

Glas

Glas – ein edles Produkt
Glas, Glas, was ist das?
Es ist und ist nicht,
es ist Licht und kein Licht,
es ist Luft und nicht Luft,
es ist endloser Duft.
Und doch ist es hart,
ungesehen harte Gegenwart
dem gefangenen Vogel,
der es nicht sieht
und den es in die Weite zieht.
Ein Lied möchte ich dichten
vom Glas,
einen Hymnus ersinnen
im Geiste tief innen
vom trockenen Nass.
Glas, Glas, was ist das?
Es glänzt wie Wasser und ist nicht nass,
giess Wasser in ein gläsernes Glas,
klar und rein:
es wird wie Glas im Glase sein.
Und ist es Wein,
dann ist das gläserne Glas
voll Farbe und Duft,
und selber, das Glas, ist nichts
oder Luft:
Eine Form aus Luft, eine Form aus
Nichts, ein leeres leuchtendes
Kind des Lichts.
Wo bist du, Glas? Ich sehe dich nicht,
nur den Strahl, der sich in dir bricht.
Du bist vielleicht nur ein
Gleichnis vom Geist,
ein Spiegel, von Bildern und
Strahlen gespeist.
Geist hat weder Zeit noch Ort
Und ist trotzdem aller Horte Hort.

Gerhard Hauptmann

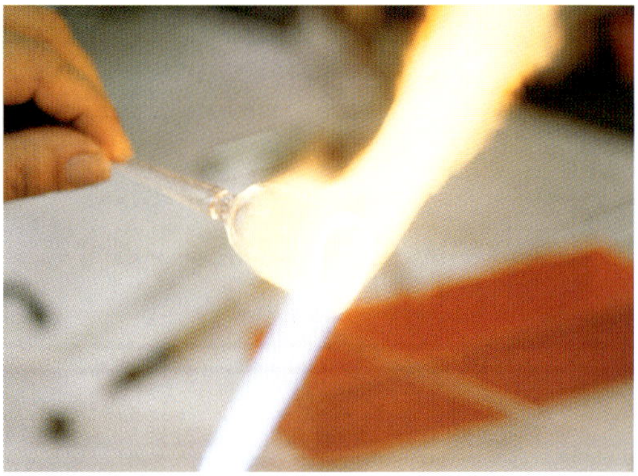

Ausgrabungen von Glasperlen und Glasgefässen in Ägypten erbringen den Nachweis, dass Glas in der Zeit um 4000 v. Chr. erfunden wurde. Konkrete Angaben über die Erfindung fehlen in der Geschichte ganz. Die Geschichtsforschung geht von zwei Annahmen aus. Entweder war es eine Zufallserfindung, oder die ägyptischen Gelehrten forschten dem Geheimnis der Zusammensetzung des Werkstoffs Glas nach.

Der Hauptrohstoff aller Glasarten ist die Kieselsäure = Quarzsand. Je nach Glasart werden verschiedene Zusätze wie Kalk, Soda und Pottasche beigegeben und bei einer Temperatur von etwa 1400 °C geschmolzen.

Das Formen der flüssigen Glasmasse erfolgt durch so genanntes «*Mundblasen*» und Ziehen mit der Glasmacherpfeife oder industriell *durch Blasen, Ziehen, Pressen und Giessen.*

Allgemeine Eigenschaften und Merkmale des Glases

- Lichtdurchlässig, durchsichtig
- Temperatur- und stossempfindlich
- Schlechter Wärmeleiter
- Geruchs-, geschmacksneutral → hygienisch
- Weit gehend unempfindlich gegen Säure und Laugen
- Nichtporös

Glas kann auf verschiedene Arten weiterverarbeitet und verziert werden, zum Beispiel:

- Sandstrahlen
- Schleifen
- Gravieren
- Ätzen
- Bemalen
- Polieren

Glasarten

Je nach der Zusammensetzung der Rohstoffe unterscheidet man drei Glasarten:

- Gewöhnliches Glas
- Kristallglas
- Bleikristallglas

Glasarten

Gewöhnliches Glas
- Quarz
- Soda
- Kalk
- Bruchglas

– Wirkt eher «stumpf» und «grau»
– Eher dumpfer Klang
– Durch die natürliche Verunreinigung der Rohstoffe entsteht grünliches oder bräunliches Glas
– Reines Glas entsteht durch Entzug der Verunreinigungen
– Farbiges Glas entsteht durch Farbzusätze

Verwendung:
– Fensterglas
– Flaschenglas
– Trinkglas
– Einmachglas

Kristallglas
- Quarz
- Pottasche
- Soda
- Kalk

– Warmer Glanz und heller Klang

Verwendung:
– Feine Trinkgläser
– Schüsseln

Bleikristallglas
- Quarz
- Pottasche
- 18–24% Bleioxyd

– Wird durch den grossen Bleizusatz schwerer und weicher; tiefere Verzierungen sind möglich

Verwendung:
– Trinkgläser
– Vasen, Schalen
– Ziergegenstände

Spezialgläser

Durch Rohstoffzusammensetzung und Verarbeitung ändern sich die Eigenschaften.

Feuerfestes Glas
Erträgt grosse Hitze, ist empfindlich gegen plötzliche Temperaturschwankungen.

Glaskeramik wurde für die Raumfahrt entwickelt. Dieses äusserst strapazierfähige Material wird im Haushalt für Koch- und Bratgeschirr sowie für Kochflächen verwendet.

Sicherheitsglas
(«unzerbrechliches» Glas)
Grosse Temperatur- und Stossfestigkeit. Beim Zerbrechen entstehen Glaskörner = geringere Verletzungsgefahr. Dieses Glas wird neben Haushaltgegenständen auch für Autoscheiben verwendet.

Spiegelglas
Wird auf der Rückseite beschichtet, z. B. mit Metallüberzug.

Tipps für Einkauf und Pflege

Einkaufsüberlegungen

Verwendung
- Wenn möglich Universalglas
- Einsatz, Menge

Reinigung
- Spülmaschineneignung
- Handreinigung

Form
- Standfläche
- Formgebung
- Rand

Aussehen
- Bearbeitung, Verzierung
- Farbe
- Form

Weitere Überlegungen
- Vorhandene Deklarationen beachten, z.B. unzerbrechlich, feuerfest
- Universeller Einsatz
- Glaskochgeschirr → siehe feuerfeste Formen

Siehe Einkaufsüberlegungen Seite 226

Reinigung und Pflege		**Hinweise, Tipps**
Glasgeschirr/ Kristallglas	Mit warmem Wasser und Spülmittelzusatz abwaschen, heiss nachspülen, mit nicht faserndem Tuch abtrocknen.	Empfindliche Gläser einzeln abwaschen, schräg eintauchen, ungestapelt versorgen.
Feuerfestes Glas	Wie oben. Eingebrannte Rückstände mit Scheuerschwamm und Scheuermittel entfernen.	Nie direkt auf offene Flamme stellen.
Vasen, Flaschen	Wie oben. Kalkansätze mit Essig und Salz entfernen.	Für enge Stellen Flaschenputzer verwenden.
Spiegel, Fenster	Mit lauwarmem Spritwasser oder Allzweckreiniger reinigen, trocknen.	Stark verschmutzte Fenster vorbehandeln, z.B. trocken abstauben. Farbflecken mit Rasierklinge oder Verdünner entfernen. Fenster nicht bei direkter Sonnenbestrahlung reinigen. Eventuell Spezialtuch verwenden. Spezialmittel und Fensterwischer erleichtern die Arbeit. → Seite 177
	Kostbare Gegenstände einzeln und von Hand abwaschen.	

Besteck

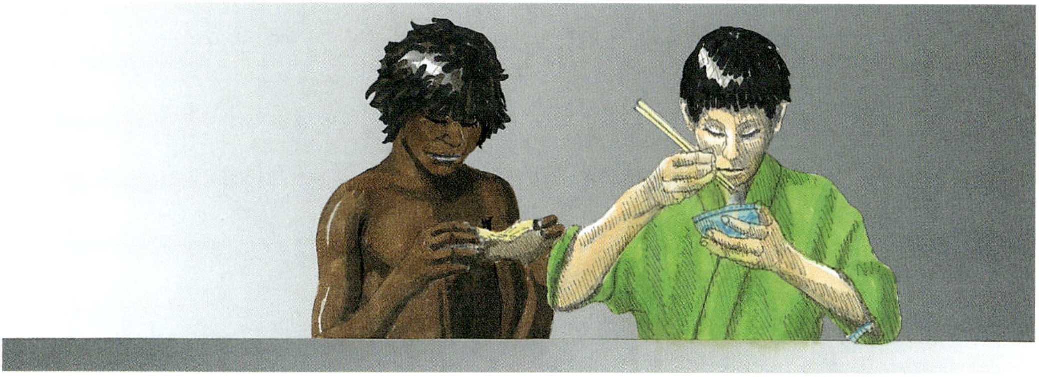

Auf der Welt essen etwa drei Viertel der Menschen mit den Fingern oder mit Stäbchen, und nur ein Viertel verwendet das bei uns gebräuchliche Besteck.

Zu den ältesten Werkzeugen zählt das Messer. Es diente unseren Vorfahren vorwiegend als Jagd- und Schneidewerkzeug.

Als der Mensch der Steinzeit ein löffelähnliches Gebilde aus Stein oder Knochen schlug, war der erste Schritt von der blossen Nahrungsaufnahme zur Esskultur getan.

Heute sind Messer, Gabel und Löffel aus unserem täglichen Leben nicht mehr wegzudenken.

Je nach Material, Zusammensetzung und Ausführung wird unterschieden zwischen:

- Besteck aus rostfreiem Stahl
  - → Chromstahl } Metalllegierungen
  - → Chromnickelstahl } Metalllegierungen
- versilbertes Besteck
- Echtsilberbesteck

Legierungen sind Mischungen von zwei oder mehreren Metallen. Metalllegierungen verbessern die Gebrauchseigenschaften, zum Beispiel:
- Rostfrei
- Härter
- Säurefest
- …
- …

Besteck

Chromstahlbesteck
Legierung aus
85% Stahl
15% Chrom
- Empfindlich gegen Speisesäuren
- Rostfrei
- Schimmert bläulich
- Magnetisch

Bezeichnung: «rostfrei»
«INOX»
«stainless»

Chromnickelstahlbesteck
Legierung aus
72% Stahl
18% Chrom
10% Nickel
oder
74% Stahl
18% Chrom
8% Nickel
- Unempfindlich gegen Speisesäuren
- Rostfrei
- «Kalter Glanz»
- Strapazierfähig
- Nicht magnetisch

Bezeichnung: Anteil Chrom/Nickel

Versilbertes Besteck
Die Grundmetalllegierung (Kern) ist mit einer fest haftenden Silberauflage überzogen.
- Edles Aussehen
- Rostfrei
- Weich → kratzempfindlich
- «Läuft an»

Stempel 90, 100, 120 oder 150 gibt die Silbermenge in Gramm an, die zum Versilbern von 12 Esslöffeln und 12 Essgabeln verwendet wurde.

Hartversilberung
Verstärkte Versilberung an den Hauptabnützungsstellen.

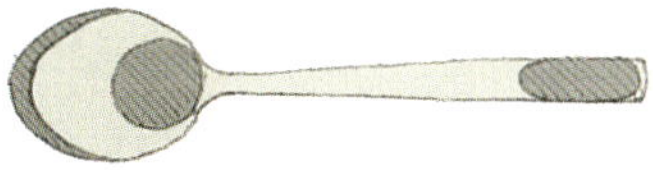

Echtsilberbesteck
Silber/Kupfer-Legierung
- Sehr kostbar
- Rostfrei
- Sehr weich
- Sehr kratzempfindlich
- «Läuft an»

Stempel 800 = Echtsilber
d.h. 800 Teile Silber
200 Teile Kupfer

Stempel 925 = Sterlingsilber
d.h. 925 Teile Silber
75 Teile Kupfer

Tipps für Einkauf und Pflege

Allgemeines
Besteckgriffe werden auch aus anderem Material hergestellt: Kunststoff, Horn, Holz... Sie müssen mit den übrigen Besteckteilen verbunden werden.

Für bessere Schnittfähigkeit und Schleiftechnik werden Messerklingen aus hochwertigem Spezialstahl hergestellt.

Messer, deren Griff und Klinge aus einem Stück verarbeitet sind, werden als «Monoblockmesser» bezeichnet.

Einkaufsüberlegungen

Verwendung
- Einsatz, Menge

Reinigung
- Spülmaschineneignung
- Handreinigung

Form
- Löffelrand
- Gabelspitzen

Handhabung
- Griff
- Gewicht

Aussehen
- Form
- Verarbeitung
- Verzierung

Weitere Überlegungen
- Qualitätszeichen
- Nachlieferung
- Kombinierbarkeit

Siehe Einkaufsüberlegungen Seite 226

Reinigung und Pflege		**Hinweise, Tipps**
Besteck aus rostfreiem Stahl Chromstahl, Chromnickelstahl	Mit heissem Wasser und Spülmittelzusatz abwaschen, heiss spülen, abtrocknen.	Flecken von Speiseresten mit Seifenwasser oder einem Metallpflegemittel entfernen.
Versilbertes und Echtsilberbesteck	Wie oben. Gelegentlich mit einem Silberpflegemittel behandeln.	So oft wie möglich benützen! «Tauchbadmittel» greifen bei längerem Liegenlassen die Oberfläche und die Dekorpatina an.

- Verleimtes Besteck nie im Wasser liegen lassen
- Besteck aus rostfreiem Stahl und versilbertes Besteck getrennt abwaschen, verhindert Kratzerbildung bei Silberbesteck
- Kostbares und empfindliches Besteck von Hand abwaschen

Der Herd

Der Elektroherd
1 Gehäuse
2 Glaskeramikkochfläche
3 Schalter
4 Backofen
5 Einschubrillen

Der Gasherd
1 Gehäuse
2 Brenner/Pfannenrost
3 Schalter
4 Backofen mit Zündloch
5 Einschubrillen

Die Herde können je nach Modell zusätzlich ausgerüstet werden, zum Beispiel mit einer Grilleinrichtung, einer Zeitschaltuhr …

Kochplatten und Brenner

Kochplatten

Normalkochplatte
ohne Überhitzungs-schutz Brenner

Blitzkochplatte
Mit Überhitzungsschutz und hoher Heizleistung → verkürzte «Ankochzeit»

Glaskeramik
Mit Überhitzungs-schutz. Der Tempera-turfühler sorgt für konstante Temperatur. Zusätzliche Arbeits-fläche.

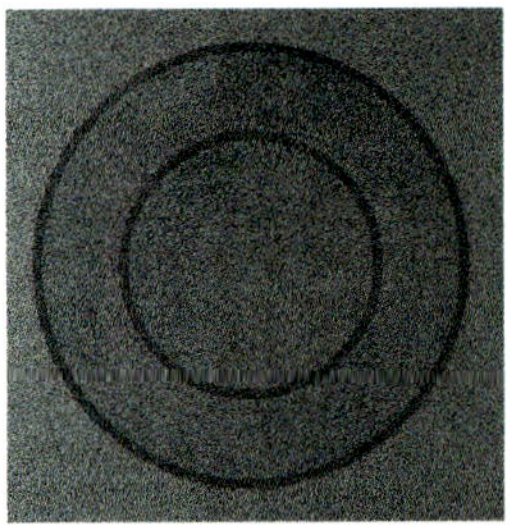

Induktionskochen
Mittels einer elektrischen Spule unter der Glaskeramikplatte wird ein magnetisches Wechselfeld erzeugt, welches im Pfannenboden aus ferromagnetischem Material direkt Wärme erzeugt.

Vorteile: – geringerer Energieverbrauch
– bessere Regulierbarkeit

Bedingung: – speziell magnetisches Kochgeschirr

Brenner

Brennerdeckel

Brennerpilz

Normalbrenner

Spezialbrenner
Der Temperaturfühler steuert und überwacht den Kochprozess.

Neuere *Brenner* bestehen aus pflegeleichtem Material und werden in zwei Grössen angeboten.

Kochplatten sind aus Gusseisen und werden in verschiedenen Grössen angeboten.

Der Backofen

Elektrobackofen

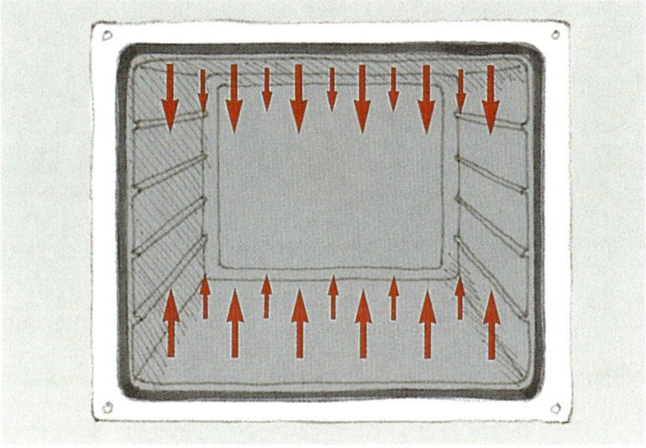

Konventioneller Backofen
Ober- und Unterhitze: Die Wärme wird abgestrahlt.

Gasbackofen

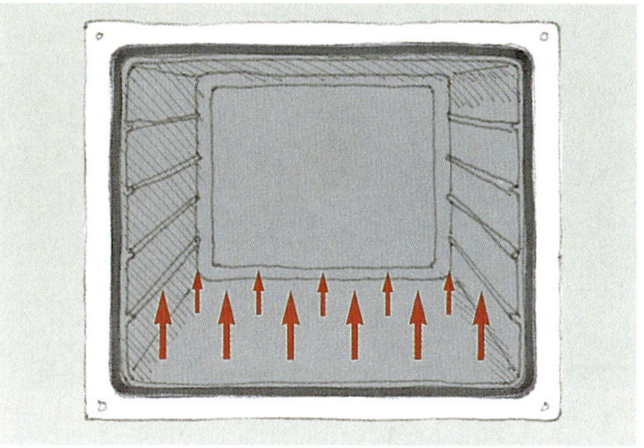

Nur Unterhitze: Die Wärme wird umgewälzt.

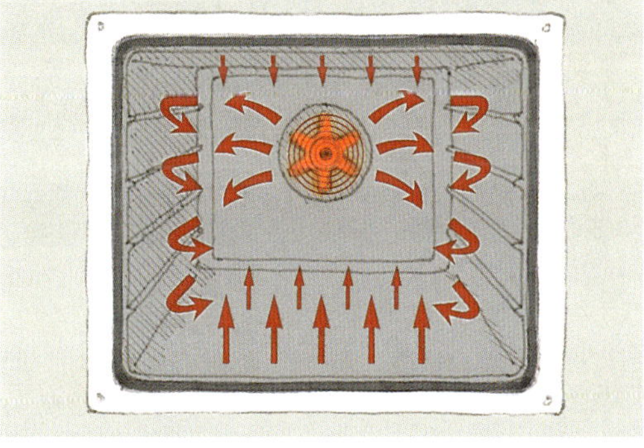

Kombibackofen
Die Wärme wird mittels Ventilator umgewälzt.

Das gleichzeitige Backen mehrerer Gebäcke und Gerichte auf verschiedenen Einschubrillen ist möglich.

Kombibackofen mit Mikrowellengerät
Durch Umschalten kann das Gerät konventionell, als Kombibackofen oder als Mikrowellengerät eingesetzt werden.

Durch Ventilatoreinbau wird die Warmluft-Umwälzung erhöht.

Mikrowellengerät/Steamer

Das Mikrowellengerät
Das Mikrowellengerät arbeitet Zeit und Energie sparend und eignet sich zum:
- Aufwärmen
- Auftauen von Tiefkühlprodukten
- Kochen

Je nach Zusatzausstattung eignet sich das Mikrowellengerät auch zum:
- Grillieren
- Braten
- Backen, Bräunen (Gratinieren)

Mikrowellengerät kombiniert
- Doppelbackofen (mit zwei Backräumen): oben Mikrowellengerät, unten Heissluftbackofen oder konventioneller Backofen
- Kombibackofen mit Mikrowellengerät: Mikrowellen mit Heissluftsystem und mit konventioneller Beheizung

Diese Geräte können vom System her getrennt oder kombiniert eingesetzt werden.

Tipp: im Mikrowellengerät kein reflektierendes Kochgeschirr verwenden (Alu, Metall).

Steamer
Beim Steamer werden zwei Typen unterschieden.

Der Dampfgarer:
In diesem Gerät können Temperaturen zwischen 50° und 100° C gewählt werden. Es kann in verschiedenen Schichten gegart werden, ohne dass eine Geschmacksübertragung stattfindet. Das Gerät braucht keinen Wasseranschluss.

Der Dampfdruckgarer:
Dieses Gerät arbeitet in Temperaturen von 50–120° C und ist wie der Dampfgarer einsetzbar. Bei über 100 °C wird mit Druck gegart. Die Zeitersparnis beträgt 75%. Bei diesem Gerät müssen ein Wasseranschluss und -ablauf vorhanden sein.

Beide Geräte erlauben Garprozesse, bei denen heisser Dampf einwirkt. Dies ermöglicht die Erhaltung von Farbe und Geschmack des Nahrungsmittels. Dadurch muss weniger Fett verwendet werden und ist sparsames Würzen möglich. Je nach Gerät wird die Kochzeit wesentlich verkürzt.

Reinigung und Pflege

Reinigung und Pflege		**Hinweise, Tipps**
Gehäuse und Schalter	Abwaschen mit Spülmittel- oder Allzweckreinigerzusatz.	Nach Möglichkeit nicht scheuern, Chromstahlflächen wenn nötig mit Essig oder Spezialreinigungsmittel behandeln, eventuell nachpolieren.
Kochflächen		
– Gusseisenplatten	Übergelaufenes Kochgut sofort entfernen, mit Scheuerschwamm und Scheuermittel oder Stahlwatte reinigen, spülen, trocknen.	Gelegentlich mit Spezialfett einreiben. Fühler bei der Automatikkochplatte sauber halten
– Brenner mit Brennerpilz und Pfannenträger	Einweichen, dann wie Gusseisenplatten.	
– Glaskeramik	Abwaschen mit Spülmittelzusatz, eventuell mit Spezialreinigungsmittel behandeln.	Eingebranntes sofort mit Rasierklingenschaber entfernen. Zucker nie einbrennen lassen! In heissem Zustand wegschaben. Wichtig: Sauberkeitskontrolle vor dem Kochen.
Backofen	Nach jedem Gebrauch feucht ausreiben oder auswaschen. Flecken mit Scheuerschwamm und Scheuermittel oder Stahlwatte entfernen.	Spezialreinigungsmittel nach Gebrauchsanweisung anwenden. Selbstreinigende Backöfen dürfen nicht mit Reinigungsmitteln behandelt werden.

Tipps für den Gebrauch

Regeln für den Gebrauch des Elektroherdes		Hinweise, Tipps
– Pfanne aufsetzen – Platte einschalten – Gerader, trockener, sauberer Pfannenboden	Richtig 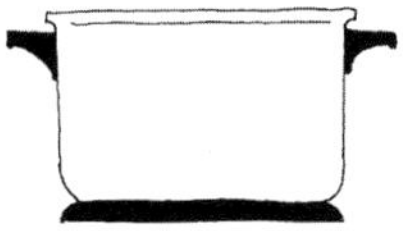	Falsch 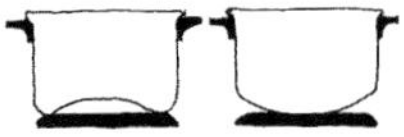
– Pfannengrösse der Plattengrösse entsprechend wählen		
– In der Regel gut schliessender Deckel aufsetzen		
– Auf grösster Stufe aufkochen, erwärmen, erhitzen; ausgenommen Glaskeramik – Frühzeitig zurück- oder ausschalten	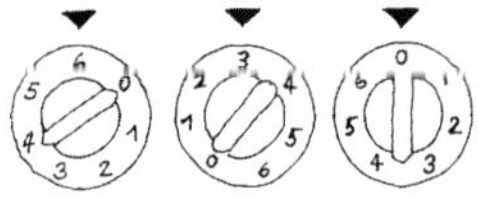	
– Nachwärme der Kochplatte ausnützen – Überhitzte, glühende Kochplatte ausschalten und abkühlen lassen		
Betriebsanleitung beachten!		

Regeln für den Gebrauch des Gasherdes	**Hinweise, Tipps**
– Haupthahn öffnen – Anzünden immer bei höchster Schalterstellung = grosse Flamme → Flamme regulieren	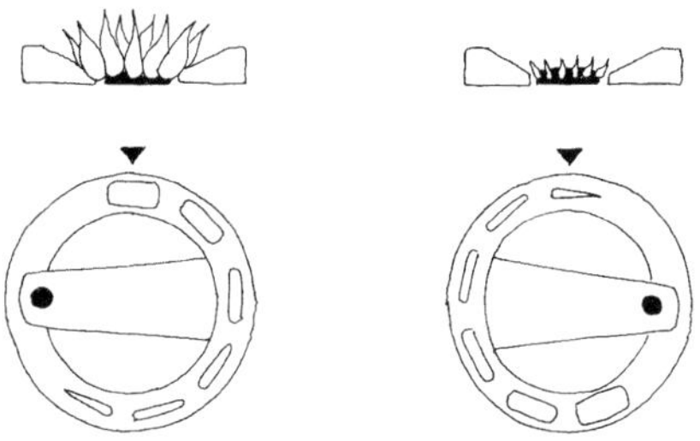
– Pfannengrösse der Brennergrösse anpassen	Richtig Falsch 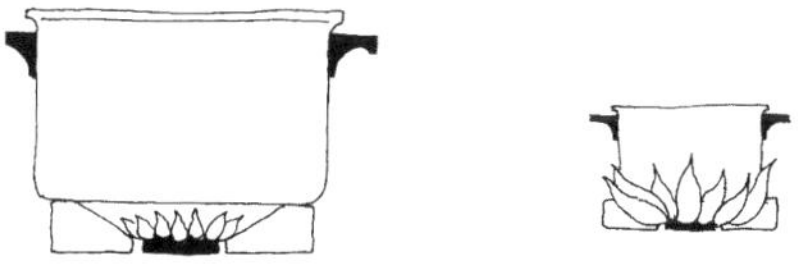
– In der Regel gut schliessenden Deckel aufsetzen	
– Backofen bei höchster Schalterstellung anzünden. Schalter nach der Zündung noch 15 bis 20 Sekunden hineingedrückt festhalten. → Temperatur regulieren – Flamme kontrollieren	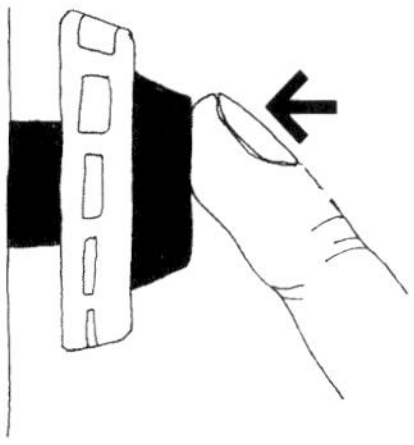
Haupthahn schliessen! **Betriebsanleitung beachten!**	

Kochgeschirr

Chromnickelstahlpfannen/INOX 18/10

Anwendung
- Universalpfanne zum Sieden, Dämpfen, Dünsten, Rösten, Braten, Backen
- Mit gut schliessendem Deckel und massivem Sandwichboden Kochen ohne Wasser möglich
- Beim Braten Pfanne zuerst ohne Fett- oder Ölzugabe stark erhitzen

Eigenschaften
Vorteile:
- harte, abriebfeste Oberfläche → unverwüstlich, korrosionsbeständig, pflegeleicht, guter Wärmespeicher, unempfindlich gegen alle Gerichte

Nachteile:
- Gerichte kleben leicht an
- schlechter Wärmeleiter → qualitativ guter Pfannenboden erforderlich (Sandwichboden)
- Achtung vor Lochfrass durch Kochsalz! Unaufgelöste Salzkörner können auf dem Pfannenboden eine aggressive Reaktion auslösen.

Antihaftbeschichtete Pfannen
(PTFE, z. B. Teflon, Tefal ...)

Anwendung
- Zum Sieden, Dämpfen, Dünsten, Kurzbraten, Braten à la minute, Backen

Eigenschaften
Vorteile:
- leicht
- pflegeleicht
- Gerichte kleben nicht an
  → fettarme, fettlose Zubereitung

Nachteile:
- nicht überhitzen
  → hohe Temperaturen bei leerem Kochgeschirr vermeiden
- kratzempfindlich
  → keine kratzenden Arbeitsgeräte verwenden
- ungeeignet zum Aufbewahren von Gerichten
- kurze Lebensdauer

Emaillierte Stahlpfannen/Stahlemail

Anwendung
- Zum Sieden, Dämpfen, Dünsten, zum Braten und Backen nur bedingt

Eigenschaften
Vorteile:
- unempfindlich gegen alle Gerichte
- geschmacksneutral

Nachteile:
- Gerichte kleben leicht an
- Email: stoss- und hitzeschockempfindlich

Gusseisenpfannen
Roh/geschliffen, glasiert, emailliert

Anwendung
Roh/geschliffen:
- zum Rösten, Braten, Backen im Ofen, Backen auf dem Herd, Grillieren

Glasiert:
- zum Rösten, Braten, Backen im Ofen, Backen auf dem Herd, Grillieren, Schmoren

Emailliert:
- zum Braten: Achtung Haftgefahr, Gerichte kleben leicht an!
- siehe emaillierte Stahlpfannen

Eigenschaften
Vorteile:
- guter Wärmespeicher
- kann rasch und stark erhitzt werden
  → gute Wärmeverteilung
- dauerhaft

Nachteile:
- Rauchentwicklung
- schwer

Gusseisen roh/geschliffen:
- rostet
- geschmacklich nicht neutral

Gusseisen emailliert:
- siehe emaillierte Stahlpfannen

Eisenpfanne (Stahl)

Anwendung
- Zum Braten, Rösten

Eigenschaften
- Gleiche Eigenschaften wie Gusseisenpfanne, jedoch leichter, handlicher

Feuerfeste Formen
Aus keramischen Erzeugnissen
Glas:
- klar oder opal

Anwendung
- Ideal für indirekte Beheizung (Backofen, Mikrowellengeräte)
- Zum Braten, Backen, Gratinieren
- Rohe Tonformen zuerst ins Wasser legen, nur im Backofen verwenden

Eigenschaften
Vorteile:
- guter Wärmespeicher
- dekorativ
  → als Serviergeschirr geeignet
- geruchs- und geschmacksneutral, ausgenommen rohe Tonformen

Nachteile:
- schlechter Wärmeleiter
- Bruchgefahr
- empfindlich gegen Temperaturunterschiede, ausgenommen feuerfeste Formen
- Gerichte kleben leicht an

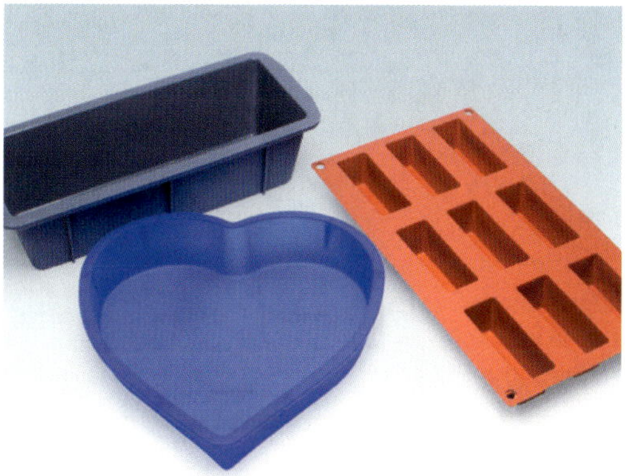

Metallbackformen
Unbeschichtet, beschichtet

Material
- Schwarzblech/Blaublech
- Weissblech/Aluminiumblech
- Antihaftbeschichtetes Blech

Eigenschaften
Schwarzblech/Blaublech:
- guter Wärmeleiter
- bräunt gut
- säureempfindlich

Weissblech/Aluminiumblech:
- reflektiert die Wärme nach aussen
- braucht grössere Hitze und längere Backzeit

Antihaftbeschichtetes Blech:
- säureunempfindlich
- verlängerte Backzeit
- kratzempfindlich

Kunststoffbackformen
Flexible Backformen

Material
- Weicher, ungiftiger Silikon; schwarz, grau oder farbig

Anwendung
- Backformen auf ein Backblech stellen

Eigenschaften
Vorteile:
- thermische Skala von minus 60 bis plus 300 Grad
- geeignet für Tiefkühlen, Gefrieren, Backen, Mikrowellen
- optimaler, gleichmässiger Wärmeleiter
- antihafteigenschaft

Nachteile:
- in der Form darf nichts zerschnitten werden
- Form darf nicht auf heisse Kochflächen gestellt werden

Tipps zum Einkauf

Einkaufsüberlegungen

Verwendung
- Energieart
- Zubereitungsart
- Gericht, Essgewohnheiten
- Menge
- Herd/Tisch

Reinigung
- Material
- Pflegeaufwand
- Form

Form
- Stapelbar
- Ausgussrand
- Deckelgriff, Deckelrand

Handhabung
- Griffe, Stiel
- Ausguss
- Gewicht

Aussehen
- Material
- Form
- Dekor

Weitere Überlegungen
- Die Anschaffung einer qualitativ guten Pfanne lohnt sich immer
- Pfannen mit dünnen Böden für Elektroherde ungeeignet
- Universalpfanne bevorzugen

Siehe Einkaufsüberlegungen Seite 226

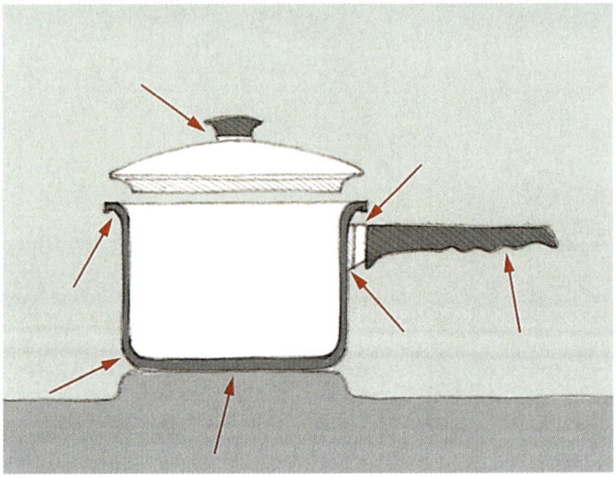

Anforderungen an eine gute Pfanne
- Griffe solid befestigt
- Gegengriff bei grossen Pfannen
- Griffansatz aus Metall
- Griffe isoliert, gut geformt
- Boden eben, verstärkt
- Bodenrand geschliffen, abgerundet
- Ausgussrand
- Deckel gut schliessend
- Deckelgriff isoliert

Reinigung und Pflege

Reinigung und Pflege	Hinweise, Tipps
Chromnickelstahlpfannen /INOX 18/10 – Abwaschen mit Spülmittelzusatz	– Darf gescheuert werden – Kalkflecken mit Essigwasser entfernen – Pfannen mit INOX-Beschlägen sind geeignet für Spülmaschinen
Antihaftbeschichtete Pfannen (PTFE, z.B. Teflon, Tefal...) – Abwaschen mit Spülmittelzusatz	– Nicht scheuern
Emaillierte Stahlpfannen/Stahlemail – Abwaschen mit Spülmittelzusatz **Gusseisenpfannen** Gusseisen roh/geschliffen: – mit Vorteil nur trocken ausreiben Gusseisen glasiert: – siehe Gusseisen roh/geschliffen Gusseisen emailliert: – siehe emaillierte Stahlpfannen	– Nicht scheuern – Wenn Nassreinigung unumgänglich: auf heisser Platte nachtrocknen – Eventuell leicht einölen
Eisenpfanne (Stahl) – siehe Gusseisen roh/geschliffen	
Feuerfeste Formen Aus keramischen Erzeugnissen Glas: klar oder opal Abwaschen mit Spülmittelzusatz	– Vorsichtig scheuern – Rohe Tonformen mit heissem Wasser und Bürste reinigen, keine Scheuermittel verwenden
Metallbackformen Schwarzblech/Blaublech: – einweichen, abwaschen mit Spülmittelzusatz gut trocknen lassen, leicht befetten Weissblech/ Aluminiumblech: – wie Schwarzblech ohne Befetten Antihaftbeschichtetes Blech: – siehe antihaftbeschichtete Pfannen	
Kunststoffbackformen – Einfache Reinigung ohne Reinigungsmittel	– Nicht geeignet für Spülmaschinen
– Pfannen und Formen vor dem ersten Gebrauch nach Fabrikanweisung vorbehandeln – «Einweichen» oder sofortige Reinigung verhindern Krustenbildung – Kochgeschirr mit defekter Beschichtung ersetzen	

Der Kühlschrank

Der Kühlschrank schützt leicht verderbliche Nahrungsmittel kurzfristig vor dem Verderben und dient zur Kühlung von Nahrungsmitteln, Gerichten und Getränken.

Handhabung und Energiespartipps

- Beim Einordnen die verschiedenen Kältezonen beachten
- Nahrungsmittel nach Häufigkeit der Verwendung griffbereit versorgen
- Nahrungsmittel, Gerichte zudecken → verhindert Geruchsabgabe und Geruchsaufnahme und das Austrocknen
- Nur ausgekühlte Nahrungsmittel, Gerichte und Getränke einordnen → verhindert Eisbildung
- Kühlschrank nicht unnötig öffnen
- Temperatur kontrollieren und eventuell richtig einstellen

Kennzeichen für Verdampferfächer

Entsprechend den Temperaturen sind die Verdampferfächer mit 1 bis 4 Sternen gekennzeichnet.

(*) 1-Stern-Fach (Eiswürfelfach), ca. −6 °C und tiefer

(**) 2-Stern-Fach (Eiswürfelfach), ca. −12 °C und tiefer

(***) 3-Stern-Fach (Tiefkühllagerfach), −18 °C und tiefer

(*|***) 4-Stern-Fach (Tiefkühlfach/Abteil) −18 °C und tiefer, verfügt über eine Gefrierleistung wie ein richtiges Tiefkühlgerät

Das Tiefkühlgerät

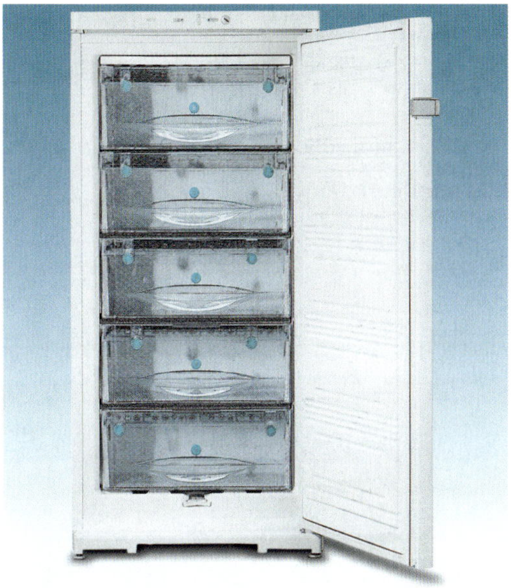

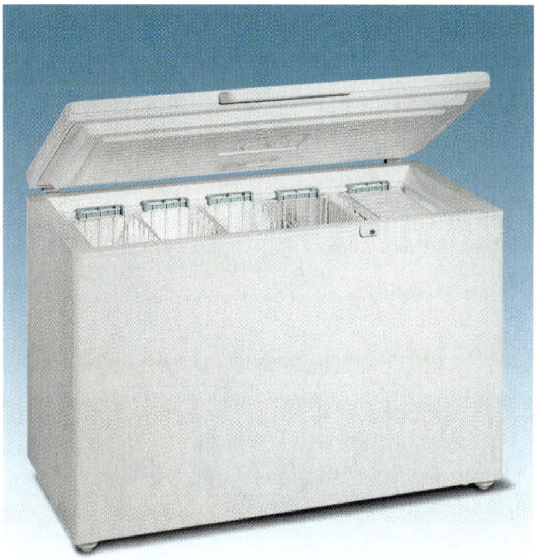

Tiefkühlgeräte dienen zur mittel- und langfristigen Haltbarmachung und Lagerung von Nahrungsmitteln, Gerichten und Gebäcken.

Angeboten werden:

Tiefkühlschränke
- Bessere Übersicht
- Einfachere Handhabung
- Kleinere Stellfläche

Tiefkühltruhen
- Geringerer Energieverbrauch
- Kleinere Bedienungsfläche
- Tieferer Anschaffungspreis

Handhabung und Energiespartipps
- Regelmässige Temperaturkontrolle. Lagertemperatur –18 °C und tiefer, bis –25 °C
- Tiefkühlgeräte in einen kühlen, gut belüftbaren Raum stellen
- Bei kurzfristigem Stromausfall Türe des Gerätes geschlossen halten
- Bei Betriebsstörungen Kundendienst oder Fachmann benachrichtigen
- Wenn Geräte ausser Betrieb sind: Türe offen lassen!

Tipps für Einkauf und Pflege

Einkaufsüberlegungen für Kühlschrank und Tiefkühlgerät

Verwendung
- Familiengrösse
- Selbstversorgung
- Kochgewohnheiten/Essgewohnheiten
- Einkaufsmöglichkeiten/ Wohnort
- Platzverhältnisse

Standort/Raum
- Grösse/Inhalt
- Schrank/Truhe
- Installationsmöglichkeiten
- Türanschlag

Handhabung
- Einteilung, Übersicht
- Höhe
- Türanschlag
- Türgriffe
- Abtau-Automatik

Weitere Überlegungen
- Energiespargeräte
- Kosten/Nutzung
- Serviceleistung

Siehe Einkaufsüberlegungen Seite 226

Reinigung und Pflege		**Hinweise, Tipps**
Kühlschrank	- Kühlschrank nach Notwendigkeit mit Spülmittelzusatz innen und aussen reinigen - Mit Essigwasser als Geruchsbinder nachwaschen und gut trocknen - Dichtungsgummi feucht abreiben und trocknen	- Gelegentlich mit Talkumpuder einreiben - Kühlschrank ohne Abtau-Automatik nach Notwendigkeit abtauen → Energie sparen!
Tiefkühlgerät	Gerät abtauen - Nach Notwendigkeit in möglichst leerem Zustand - Stecker ausziehen oder Gerät ausschalten - Gefriergut vorübergehend in Zeitungspapier oder Decken einwickeln → Isolation - Gerät innen und aussen mit Spülmittelzusatz reinigen - Mit Essigwasser als Geruchsbinder nachwaschen und gut trocknen - Dichtungsgummi feucht abreiben und trocknen Gerät in Betrieb setzen - Gerät auf –18° C bis –25° C vorkühlen - Gefriergut einschichten	- Zum beschleunigten Abtauen ein Gefäss mit heissem Wasser in das Tiefkühlgerät stellen - Eisansatz mit Kunststoffschaber entfernen - Gelegentlich mit Talkumpuder einreiben
Sauberkeit ist wichtig! Eisbildung vermeiden: Energieverschleiss! *Betriebsanleitung beachten!*		

Handrührwerk/Mixer

Haushaltmaschinen und Geräte als Hilfe und Arbeitserleichterung?

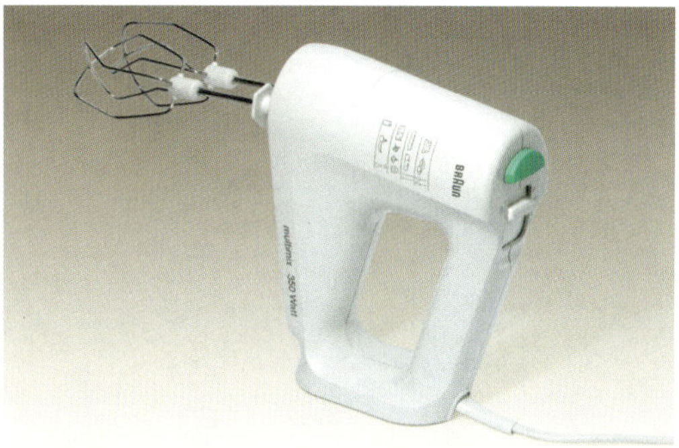

Das Handrührwerk – der Mixer
Das Handrührwerk ist vielseitig verwendbar, handlich, rasch betriebsbereit, geeignet zur Verarbeitung von kleinen Mengen, braucht wenig Platz, ist einfach zu reinigen und je nach elektrischen Anschlüssen an verschiedenen Arbeitsplätzen einsatzbereit.

Hinweise zur Handhabung
Einschalten
- Gerät erst im Gefäss in Betrieb setzen
- Hohe enge Gefässe bevorzugen

Während des Betriebs
- Gerät nicht aus dem Gefäss heben
- Vorgeschriebene Kurzbetriebszeit einhalten, in der Regel dürfen die Geräte nicht länger als 8 Minuten ununterbrochen in Betrieb sein
- Motorüberhitzung

Ausschalten
- Gerät im Gefäss lassen, bis das Rührwerk stillsteht
- Bestandteilentraster betätigen
- Vor dem Wechseln oder Entfernen der Arbeitsgeräte aus dem Grundgerät Stecker ausziehen

Betriebsanleitung beachten!

Handrührwerk: Zubehör

Handrührgeräte können je nach Modell mit weiteren Bestandteilen ergänzt werden, zum Beispiel Mixbecher, Mixglas …

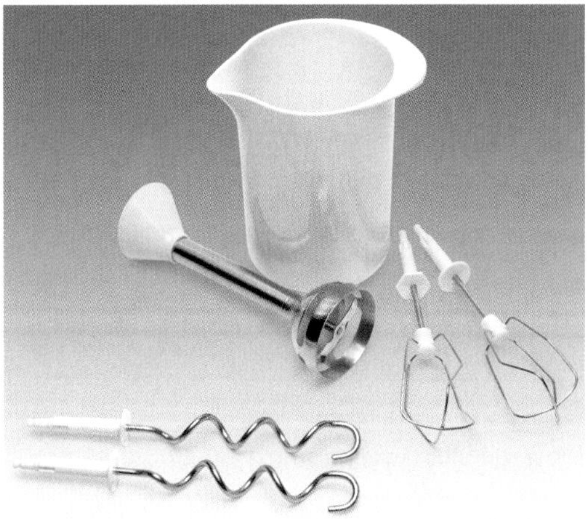

Bestandteile		Anwendung	Pflege
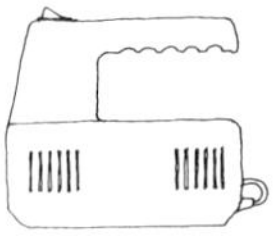	**Grundgerät** mit • Geschwindigkeits-schalter • Bestandteilentraster • Schutzdeckel		– Stecker ausziehen – feucht abreiben, Kabel nicht vergessen – Nie ins Wasser tauchen!
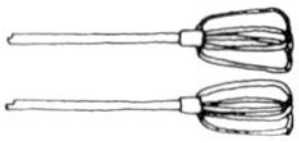	**Schwingbesen**	zum Schwingen, Schlagen, Rühren von weichen Massen	– Abwaschen mit Spülmittelzusatz
	**Knetspiralen**	zum Kneten, Schlagen, Rühren von festen Teigen	Abwaschen mit Spülmittelzusatz
	**Mixstab** **Pürierstab**	zum Zerkleinern, Pürieren	– In hohem Gefäss mit Wasser und Spülmittelzusatz einige Sekunden laufen lassen. *«Anschraubseite» nie ins Wasser tauchen!*
Betriebsanleitung beachten!			

Küchenmaschine

Die Küchenmaschine
Die Küchenmaschine ist vielseitig verwendbar, bei festem Standplatz immer betriebsbereit, geeignet zur Verarbeitung von grossen Mengen, arbeitet selbstständig und Zeit sparend.

Sie kann mit den verschiedensten Zusatzbestandteilen ergänzt werden, zum Beispiel Zitruspresse, Raffelgerät, Kaffeemahlwerk, Auswurfraffel, Getreidemühle.

Einkaufsüberlegungen für elektrische Haushaltgeräte

Verwendung
- Einsatz
- Familiengrösse
- Koch- und Essgewohnheiten

Reinigung
- Pflegeaufwand

Handhabung
- Rasch betriebsbereit
- Standplatz
- Arbeitsplatz
- Versorgungsmöglichkeit für Zusatzbestandteile

Siehe Einkaufsüberlegungen Seite 226

Weitere Überlegungen
- Anschaffungskosten/Unterhaltskosten
- Energieverbrauch
- Handhabungs- und Bedienungssicherheit
- Testergebnisse
- Küchenmaschine: eventuell ergänzen mit zweiter Schüssel

Geschirrspülmaschine

Hinweise zur Handhabung
- Die Maschine verbraucht viel Energie, deshalb Einfüllraum gut ausnützen. Sperrige Gegenstände von Hand abwaschen
- Viel Geschirr ist notwendig
- Nur spülmaschinengeeignetes Ess- und Kochgeschirr einschichten
- Grobe Nahrungsmittelreste vor dem Einschichten entfernen
- Maschine nur in Betrieb setzen, wenn sie ganz gefüllt ist
- Programm nach Verschmutzung wählen
- Dosierung der Reinigungsmittel und Zusatzmittel nach Gebrauchsanweisung
- Sieb von Nahrungsmittelresten säubern
- Dichtungsgummi am Rand der Maschine sauberhalten
- Gehäuse gelegentlich feucht abreiben
- Betriebsanleitung beachten!

Siehe Einkaufsüberlegungen Seite 165.

Die Geschirrspülmaschine
Die Geschirrspülmaschine vereinfacht und erleichtert eine immer wiederkehrende Küchenarbeit.

Einschichten
Unterer Korb:
Stärker verschmutzte, schwerere Gegenstände, Besteck unsortiert, Griffe nach unten.

Oberer Korb:
Weniger verschmutzte, leichtere, kleinere Gegenstände

Staubsauger

Dank den vielen Einsatzmöglichkeiten ist der Staubsauger zur unentbehrlichen Hilfe geworden.

Es werden zwei Typen unterschieden:

Besenstaubsauger

Kraftaufwand:	gross
Grösse:	klein
Saugleistung:	gering
Einsatzmöglichkeit:	beschränkt, unhandlich

Schlitten-, Kugel-, Kesselstaubsauger

Kraftaufwand:	gering
Grösse:	gross
Saugleistung:	gut
Einsatzmöglichkeit:	vielseitig, handlich

Neue Technik:	ohne Staubbeutel
Kraftaufwand:	gering
Grösse:	kompakt
Saugleistung:	konstant gross, kein Saugkraftverlust
Einsatzmöglichkeit:	vielseitig, handlich
Besonderes:	saubere Abluft, ideal für Allergiker

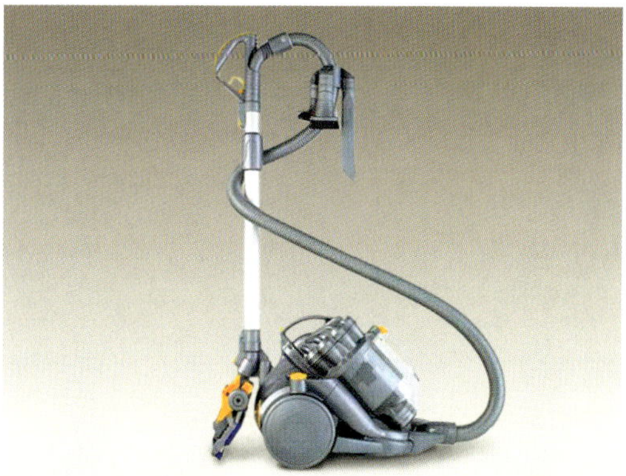

Zubehörteile im Einsatz

Zu den Grundgeräten werden verschiedene Zubehörteile mitgeliefert.

Gegen Mehrpreis sind zusätzlich Turbodüsen oder Motorbürsten erhältlich. Diese haben eine sehr gute Saugleistung und eignen sich zur Aufnahme von Haaren und Fäden.

Teppich/Bodendüse, je nach Anwendung umschaltbar.

Polsterdüse, kleinere Bürste mit kurzem, handlichem Rohr.

Fugendüse für alle Stellen, die man mit grösseren Düsen nicht erreicht.

Hinweise zur Handhabung

- Saugleistung dem Material anpassen
- Staubbeutel rechtzeitig auswechseln oder leeren, die Saugleistung ist gewährleistet
- Motorschutzfilter regelmässig erneuern
- Zubehörteile, besonders Bürsten, sauber halten
- Saugschlauch nicht verdrehen
- Elektrisches Kabel nicht knicken
- Schmutz nur trocken saugen
- Einsatzbereit versorgen

Betriebsanleitung beachten!

Universalbürste für empfindliche Textilien

Einkaufsüberlegungen

siehe Einkaufsüberlegungen für elektrische Haushaltgeräte, Seite 165.

Arbeitsplanung

Zur Ausführung aller Hausarbeiten braucht es *Zeit, Kraft, Geld.*

Diese Mittel werden je nach Haushaltsituation anteilmässig verschieden eingesetzt.

Hausarbeiten rationell ausführen
Eine rationelle Haushaltführung erreicht man mittels:
- Arbeitsplanung
- Arbeitsgliederung
- Arbeitsplatzgestaltung
- Arbeitstechnik
- Einsatz von Reinigungsmitteln
- Einsatz von Apparaten, Geräten, Maschinen

Planung schafft Übersicht.

Wie man sinnvoll plant
- Anfallende Arbeiten auflisten
- Prioritäten setzen
- Zeit- und Arbeitsplan erstellen
- Arbeitsrhythmus beachten
  Arbeitsphasen – Ruhephasen
  Genügend Freizeit
  Leichte – schwere körperliche Arbeit
  Geistige – körperliche Arbeit
- Wenn möglich Arbeiten auf die Familienmitglieder verteilen: Delegieren
- Eventuell Arbeiten vergeben

Mögliche Tätigkeiten im Rahmen der Haus- und Familienarbeit

Verpflegung der Familien-/Haushaltmitglieder
- Einkaufsliste gemäss Menüplan zusammenstellen
- Lebensmittel einkaufen
- Mahlzeiten vor- und zubereiten usw.

Betreuung und Erziehung von Kindern
- Kinder wecken, zu Bette bringen
- Kinder unterstützen
- Mit Kindern spielen usw.

Pflege und Gesundheit
- Symptome von Krankheiten erkennen und richtig reagieren
- Kranke Angehörige pflegen usw.

Haushalt: Wohnung, Kleidung, Wäsche, Textilien
- Wohnung gestalten
- Räume und Möbel reinigen
- Betten machen, Zimmer lüften usw.

Pflanzen, Garten, Tiere
- Rasen und Hecken unterhalten
- Gartenbepflanzung planen, umsetzen, nutzen
- Haustiere pflegen usw.

Unterhalt von Geräten und Maschinen
- Fahrzeuge putzen
- Geräte installieren, unterhalten und warten, usw.

Finanzen, Gespräche, Kontakte
- Steuererklärung ausfüllen
- Rechnungen bezahlen
- Ersparnisse verwalten usw.

Aus: B. Kadishi (Hrsg.)
«Familienarbeit macht kompetent»
Beobachter Buchverlag 2002

Arbeitsgliederung

Arbeitsgliederung erleichtert die einzelnen Arbeiten.

Jede Arbeit lässt sich gliedern in *Vorarbeit, Hauptarbeit, Nacharbeit.*

Vorarbeit
- Persönliche Vorbereitungen treffen
- Geräte und Arbeitsmittel bereitstellen
- Arbeitsplatz einrichten

Hauptarbeit
- Ausführen der geplanten Arbeit

Nacharbeit
- Arbeitsresultat überprüfen
- Geräte reinigen und versorgen
- Arbeitsplatz aufräumen

Arbeitsgliederung am Beispiel «Bügeln»

Vorarbeit
- Bügelbrett/Bügeltisch aufstellen, eventuell Ärmelbrett, genügend Abstellfläche für gebügelte Wäsche
- Bügeleisen bereitstellen
- Wäsche sortieren in → bügelfreie Wäsche → Bügelwäsche (evtl. einfeuchten)

Hauptarbeit
- Strecken und Falten
- Bügeln und Falten

Nacharbeit
- Wäsche versorgen
- Bügeleisen abkühlen lassen und versorgen
- Übrige Arbeitsgeräte reinigen und versorgen
- Bügelbrett wegstellen

Überlegtes Planen und Gliedern schafft Klarheit über Arbeits- und Wartezeiten. Dadurch wird ein sinnvolles Ineinanderplanen von verschiedenen Arbeiten möglich.

Arbeitsplatzgestaltung

Eine gute Arbeitsplatzgestaltung berücksichtigt:
- Körperhaltung
- Griffbereich
- Arbeitszentren
- Licht
- Raumatmosphäre (Temperatur, Farbe, Luftfeuchtigkeit)

Zweckmässige Gestaltung des Arbeitsplatzes hilft Kräfte sparen.

Weitere Merkmale eines guten Arbeitsplatzes
- Genügend Abstellflächen
- Pflegeleichte strapazierfähige Materialien
- Schränke mit verstellbaren Tablaren
- Stromanschlüsse an sinnvollen Stellen
- Gute Beleuchtung (siehe Seiten 98/99)
- Dampfabzug

Körperhaltung
- Arbeiten in aufrechter Körperhaltung ausführen, Bücken vermeiden
- Wenn möglich sitzend arbeiten
- Arbeitshöhe der Arbeit anpassen:
- Grosser Kraftaufwand: niedrige Arbeitshöhe
- Kleiner Kraftaufwand: hohe Arbeitshöhe

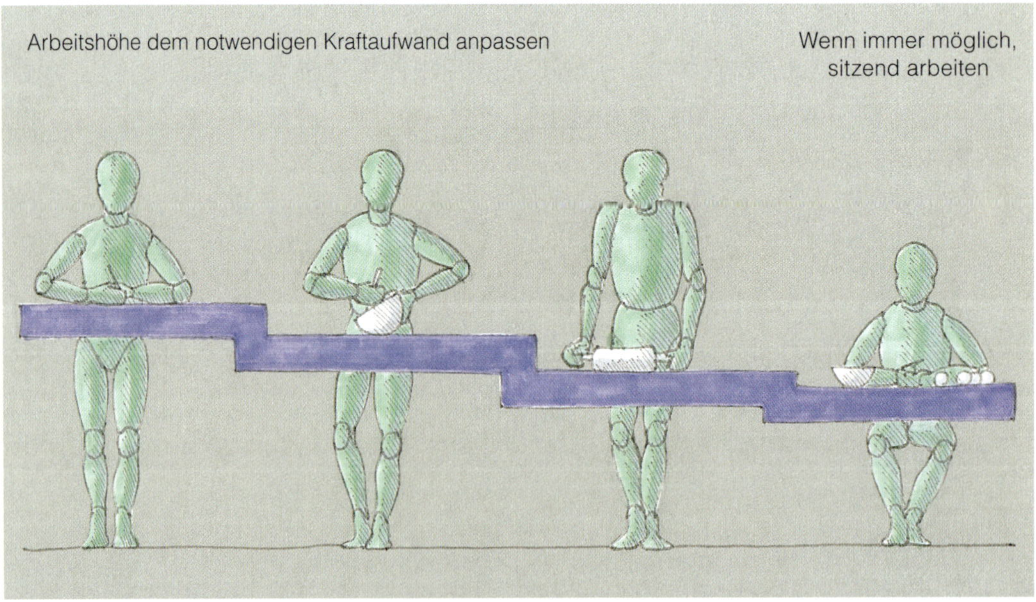

Körperhaltung und Energieverbrauch

- Beim Arbeiten wird unterschiedlich Energie verbraucht
- Mit einer richtigen Körperhaltung lässt sich Energie sparen
- Je kleiner der Kräfteverbrauch, desto geringer die Ermüdung

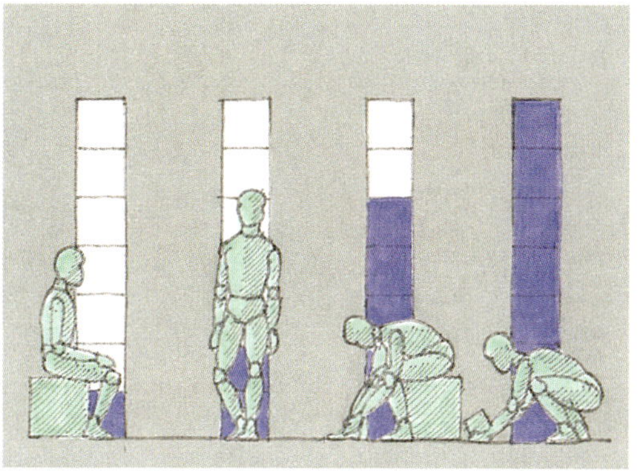

Körperhaltung und Wirbelsäule

Körperliche Arbeit beansprucht die Rückenmuskulatur und fördert die natürliche Abnützung der Bandscheiben.

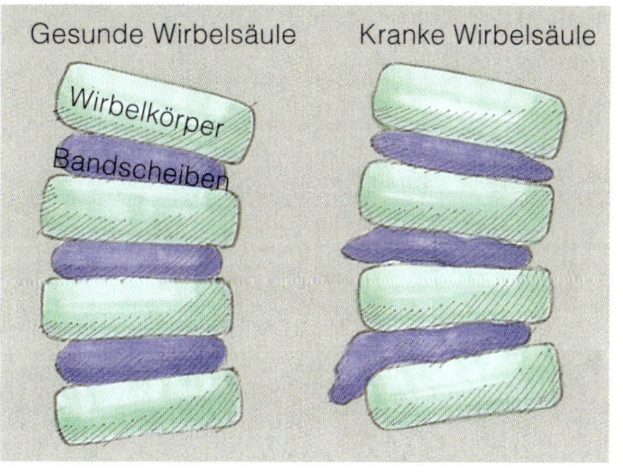

Durch aufrechte Körperhaltung schonen wir unseren Rücken und entlasten die Wirbelsäule.

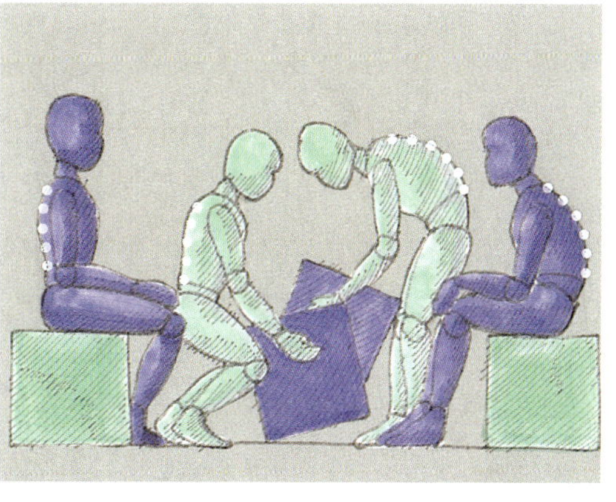

Griffbereich
Ein überlegt angeordneter Griffbereich garantiert ein Minimum an Weg und schafft ein Maximum an Beweglichkeit.
- Häufig benötigte Gegenstände im Griffbereich A
- Seltener benötigte Gegenstände im Griffbereich B

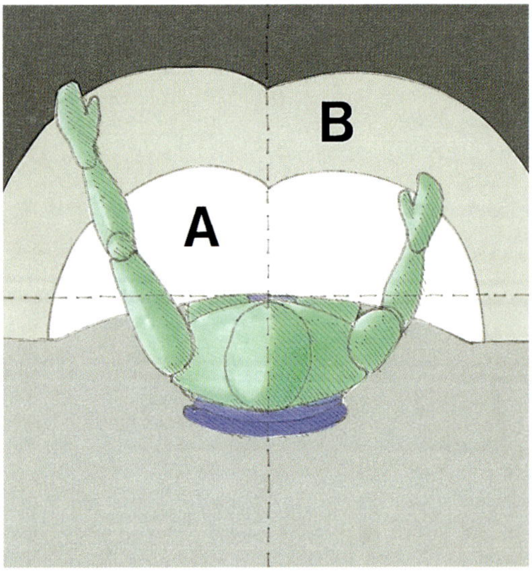

Griffbereich am Beispiel «Rüsten»
- Von rechts nach links arbeiten (Linkshänder: von links nach rechts)
- Hände sollen sich nicht kreuzen
- Ungestörte Arbeitsabläufe ermöglichen

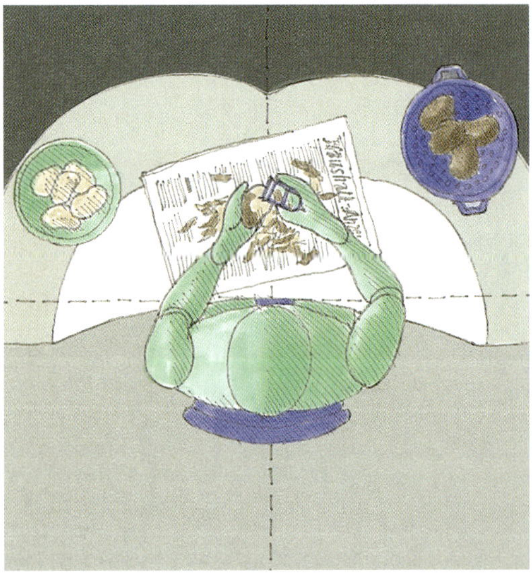

Arbeitszentren

Werden alle Arbeitsgeräte für eine bestimmte Arbeit den Arbeitsplätzen griffnah zugeordnet, so spricht man von «Arbeitszentren». Zentren sind zum Teil von der Kücheneinrichtung her gegeben (Kochzentrum, Spülzentrum). Für andere Arbeiten müssen sie geschaffen werden (Rüstzentrum, Bügelzentrum, Schuhputzzentrum).

Eine funktionsgerechte, zweckmässige Küche berücksichtigt eine sinnvolle Anordnung von Arbeitszentren.

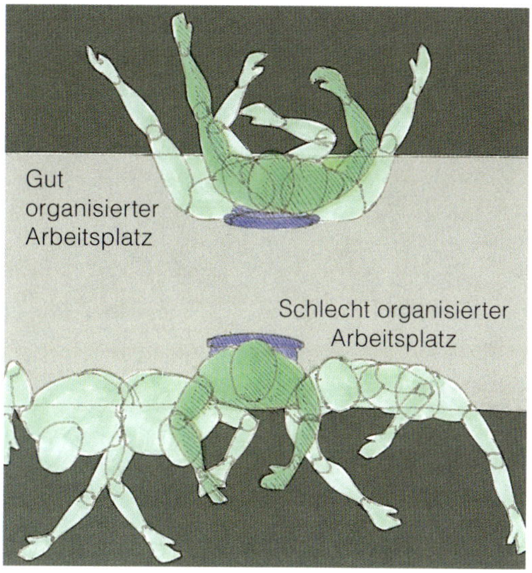

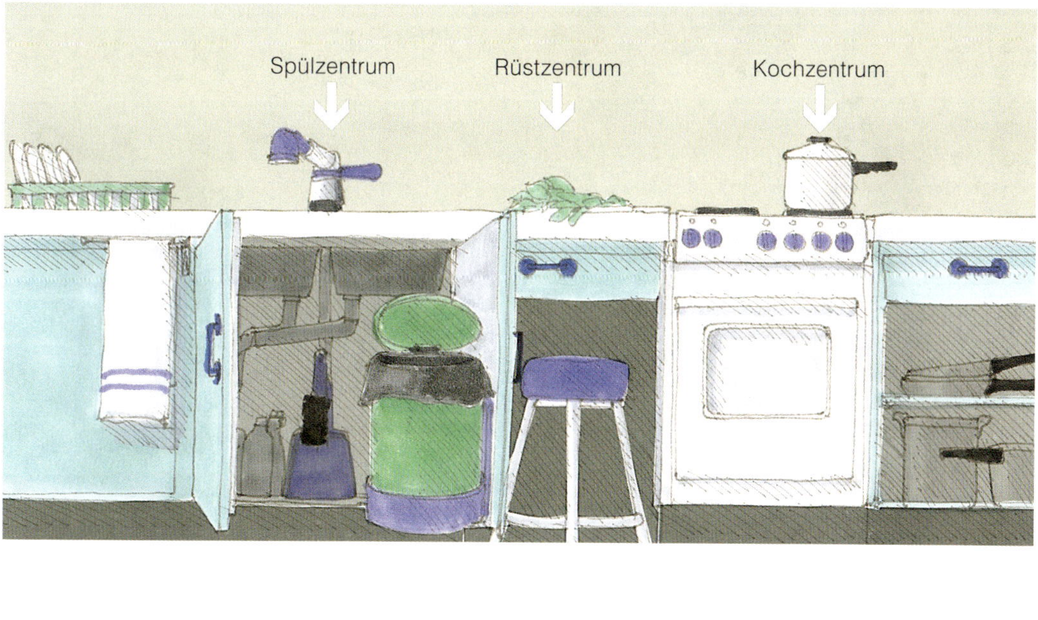

Arbeitstechnik

Arbeitstechnik vereinfacht den Arbeitsablauf.

Auch in einem modernen Haushalt müssen – trotz technischer Hilfsmittel – noch viele Arbeiten von Hand ausgeführt werden. Gewählt wird dazu eine Arbeitstechnik, die mit dem geringsten Zeit-, Kraft- und Geldaufwand zu einem guten Resultat führt.

Grundsätzlich
- Beide Arme/Hände einsetzen
- Der Arbeit entsprechende Handgriffe anwenden
- Reihenfolge und Richtung einhalten
- Gleichartige Arbeiten nacheinander erledigen
- Unnötige Wege vermeiden

Arbeitstechnik für die Reinigung von Fussböden
- Freien Durchgang ermöglichen: Stühle und leichte Gegenstände hoch- oder wegstellen
- Ecken und Ränder besonders beachten

Staubsaugen
- Strichweise und/oder sternförmig arbeiten
- Düse dem Boden entsprechend einsetzen
- An den Rändern Fugendüse einsetzen (Staub *wird kaum* aufgewirbelt)

Wischen
- Von sich weg wischen
- Im Sauberen stehen
- Vorwärts gehen
- Strichweise regelmässig arbeiten (Staub *wird* aufgewirbelt)

Feucht wischen
- Strichweise arbeiten
- Im Trockenen gehen
- Tuch öfter auswaschen und gut auswringen (Staub *wird nicht* aufgewirbelt)

Aufziehen, Fegen
- Vor- und rückwärts arbeiten
- Im Trockenen stehen
- Rückwärts gehen
- Lappen öfter auswaschen
- Stark verschmutze Böden fegen (Verunreinigungen vorher durch Wischen entfernen)

Arbeitstechnik für die Reinigung von Fenstern
- Fensterrahmen und Simse trocken entstauben und je nach Material und Beschmutzung feucht reinigen oder fegen
- Bei Fensterscheiben von oben nach unten oder quer arbeiten
- Mit Fensterleder, nicht faserndem Tuch, Papier oder Fensterwischer trocknen

Arbeitstechnik für die Pflege von Möbeln
- Trocken oder feucht abstauben
- Gleichmässig arbeiten
- Flecken entfernen, nachpolieren

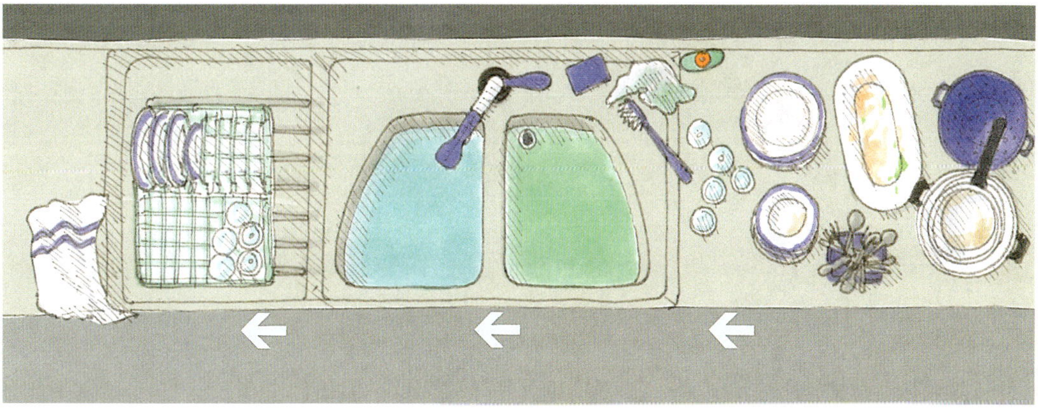

Arbeitstechnik für das Abwaschen von Hand
- Arbeitsplatz einrichten, Hilfsmittel bereitstellen
- Arbeitsablauf für Rechtshänder wenn möglich von rechts nach links
- Nahrungsmittelreste entfernen
- Geschirr ordnen; wenn nötig kalt abspülen
- Abwaschtröge und Abtropfbrett reinigen
- Dem heissen Abwaschwasser zuletzt wenig Abwaschmittel beigeben (verhindert Schaumbildung)
- Geschirr einzeln abwaschen (auch Geschirrrückseite)
- Bei starker Verschmutzung Wasser wechseln
- Geschirr sehr heiss nachspülen, trocknet rascher, Abwaschmittel wird restlos entfernt
- Geschirr abtropfen lassen
- Mit nichtfaserndem Tuch abtrocknen
- Trockenes Geschirr geordnet hinstellen, versorgen
- Arbeitsplatz aufräumen

Als Ersatz für den zweiten Spültrog:
- Plastikbecken verwenden
- Besteck in Behälter mit heissem Wasser geben
- Überbrausen

Reinigungsmittel und technische Hilfsmittel

Reinigungsmittel
Reinigungsmittel erleichtern die Putzarbeiten.
- Gebrauchsanweisung und Deklarationen lesen und befolgen:
  Eigenschaften, Wirkung
  Notwendige Vorsichtsmassnahmen
- Reinigungsmittel sorgfältig und vorschriftsgemäss aufbewahren,
  Reste umweltgerecht beseitigen
- Sich auf ein Minimalsortiment beschränken
  Umweltbelastung! Platz zum Versorgen
- Alternative Hilfsmittel prüfen

Minimalsortiment
- *Abwaschmittel* löst und entfernt Fett und Schmutz
- *Allzweckreiniger* löst und entfernt Fett und Schmutz
- *Scheuermittel* löst und entfernt grobe Verunreinigungen und Verkrustungen

Je nach Anwendungsbereich, Material, Art und Grad der Verschmutzung sind zusätzliche Mittel nötig, zum Beispiel:
- Bodenpflegemittel
- Möbelpflegemittel
- Fensterputzmittel
- Schuhputzmittel
- Metallputzmittel

Einsatz von Apparaten, Geräten, Maschinen
Sinnvoll eingesetzt helfen Apparate, Geräte und Maschinen Zeit und Kraft sparen.
- Arbeitsaufwand und Arbeitserleichterung vergleichen
- Arbeitsplatz und Aufbewahrungsort bestimmen
- Anschlussmöglichkeiten abklären
- Einsatzmöglichkeiten überdenken
- Haushaltgrösse berücksichtigen
- Energieverbrauch miteinbeziehen
- Pflegeaufwand berücksichtigen

Der Einsatz von Apparaten, Geräten und Maschinen erfordert vermehrte Aufmerksamkeit (Unfallgefahr!)

Spezielle Faserreinigungssysteme, Spezialfasern, sowie «gelenkige» und variable Arbeitsgeräte sind im ganzen Wohnbereich universell einsetzbar.

Mikrofasertücher entfernen den Schmutz ohne Zusatz von Reinigungsmitteln.

Alternative Reinigungs- und Pflegemittel

Diese Produkte sind leichter abbaubar und deshalb umweltfreundlicher.

Mittel	Ersatz für	Möglicher Anwendungsbereich	Dosierung, Tipps
Putzessig Zitronensäure	Entkalkungsmittel Geruchsneutralisator	Kalk entfernen Kaffeemaschinen Duschbrausen	Je nach Anwendungsbereich konzentriert oder verdünnt (z.B 1:10)
Schmierseife Flüssige Seife Kernseife	Synthetische Reinigungsmittel	Verschiedene Reinigungsarbeiten	1 Löffel Schmierseife auf 1 Liter Wasser Je nach Anwendungsbereich nachwaschen nötig, rückfettend
Soda	Enthärtungsmittel	Zum Enthärten von Wasser bei Anwendung von Schmierseife	Je nach Härtegrad des Wassers
Brennsprit	Fensterreinigungsmittel	Fenster reinigen	2 Löffel Sprit auf 1 Liter Wasser, feuergefährlich! Giftklasse 5S
Pfeifenerde	Entfettungsmittel	Entfettet Holz (Rüstbrettli) Stein Leder Entfernt Fettflecken auf Textilien	Je nach Material Holz → Pulver und Wasser zu Brei verarbeiten, auftragen, einwirken lassen, fegen, gut spülen Stein, Leder → trocken auftragen
Panamarinde	Feinwaschmittel Allzweckreiniger	Textilien waschen Holztäfer reinigen	Extrakt kaufen oder herstellen und verdünnen
Schlemmkreide	Metallputzmittel Scheuermittel	Silber, Zinn reinigen	Pulver und Wasser zu Brei verarbeiten, auftragen, blank reinigen und je nach Gegenstand nachspülen
Ochsengallenseife Benzinseife	Fleckenmittel	Fettflecken und organische Flecken entfernen (z.B Fett, Grasflecken, Rotwein)	Einseifen, nachwaschen

Unfallverhütung im Haushalt

Unfälle im Haushalt

In Freizeit, Verkehr, Beruf und Haushalt lauern viele Gefahren. Täglich hören wir von Unfällen; dabei stehen die Haushaltunfälle an erster Stelle.

Gefahren erkennen, beurteilen, beheben

Unfallursachen

bfu bpa upi

- Menschliches Versagen:
  - Übermüdung
  - Eile, Hast
  - Wut, Sorge
  - Unsachgemässer Umgang mit Geräten
  - Unvorsichtiges Umgehen mit Reinigungsmitteln und Medikamenten
- Fehlerhafte, defekte Geräte
- Verkettung von unglücklichen Zufällen

Einige Hinweise zur Unfallverhütung Stürze

- Für gute Beleuchtung sorgen
- Auf Treppen, unter losen Teppichen, in und vor Badewannen Gleitschutz anbringen
- Standfeste Leitern benützen
- Zweckmässige Schuhe und Kleider tragen
- Boden frei und sauber halten

Verbrennungen/Verbrühungen

- Töpfe, Pfannen und Schüsseln mit heissem Inhalt ausserhalb des Griffbereichs von Kindern stellen
- Pfannenstiele sollen niemals über den Herd ragen
- Gesicht und Hände vor Dampf schützen
- Heisse Bügeleisen sicher abstellen (Rückfront)

Schnittwunden/kleine Verletzungen

- Defekte Schneidegeräte ersetzen
- Auf fester Unterlage schneiden, Technik und Handgriffe beachten
- Scherben und leere Metalldosen vorsichtig beseitigen

Vergiftungen/Verätzungen

- Reinigungsmittel kindersicher aufbewahren
- Reinigungsmittel in den Originalverpackungen lassen
- Medikamente beschriftet, mit Datum versehen, kindersicher aufbewahren
- Überalterte Medikamente der Verkaufsstelle (Drogerie) zurückbringen
- Bei Arbeiten mit gefährlichen Flüssigkeiten Warnaufschriften lesen und befolgen
- Selbst gesammelte Pilze kontrollieren lassen
- Zweifelhafte und verdorbene Nahrungsmittel wegwerfen

Stromunfälle

- Elektrizität und Feuchtigkeit vertragen sich nicht
- Nur geprüfte elektrische Geräte verwenden
- Defekte Geräte, Kabel und Steckdosen reparieren lassen
- Elektrische Sicherungen nicht flicken, sondern ersetzen
- Evtl. Fehlerstrom-Schutzschalter einbauen
- Bei Kindern Schutzstecker auf Steckdosen anbringen

Brände/Explosionen

- Zündhölzer kindersicher aufbewahren
- Kerzenlicht und offenes Feuer überwachen
- Nie im Bett rauchen
- Nur gut ausgekühlte Asche leeren
- Spritrechaud nie bei brennender Flamme nachfüllen
- Gashahn nach dem Gebrauch der Apparate zudrehen

Erstickungen

- Plastiksäcke sind kein Spielzeug für Kleinkinder
- Zweckmässige Ausstattung des Kinderbettes beachten
- Achtung: Kinder nehmen alles in den Mund!
- Schränke und Truhen sind nicht geeignet, um «Versteckis» zu spielen

Die Hausapotheke

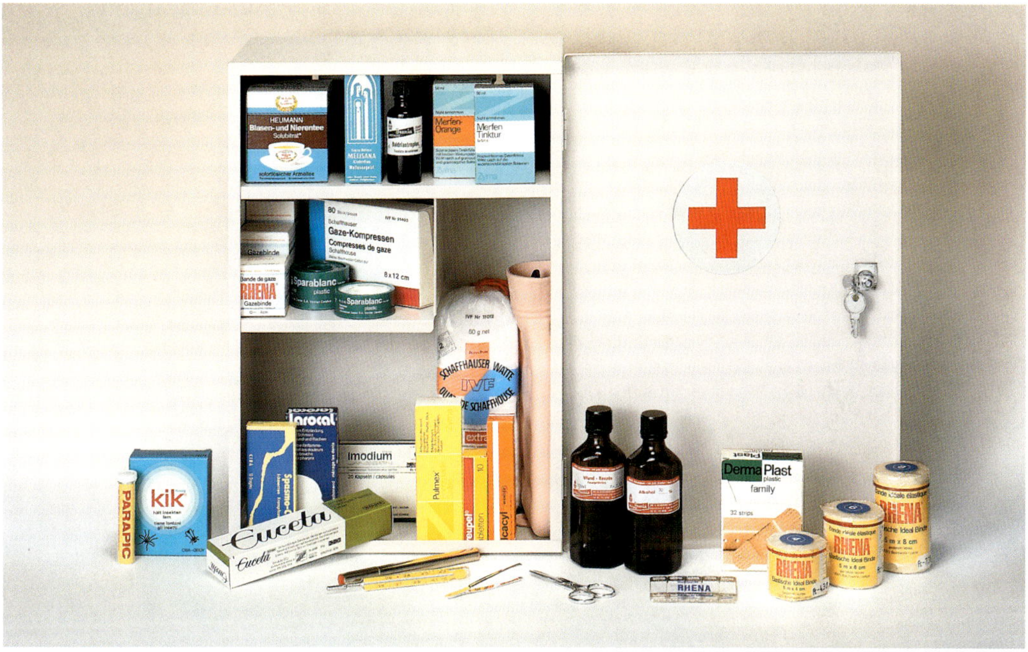

Die Hausapotheke soll enthalten
- Fieberthermometer
- Pinzette – Schere
- Verbandklammern
- 1 Paket Verbandwatte
- Gazebinden in verschiedenen Breiten
- Elastische Binden
- 1 Schachtel mit sterilen Kompressen
- Heftpflaster, Schnellverband
- Wärmeflasche

Gift in den Händen eines Weisen ist ein Heilmittel, ein Heilmittel in den Händen eines Toren ist Gift.

Medikamente für den äusserlichen Gebrauch
- Essigsaure Tonerde (flüssig oder in Tube)
- Desinfektionslösung zur Wundbehandlung
- Salbe zum Einreiben bei Erkältungen
- Insektenstift, Insektenschutzmittel
- Wundbenzin zum Ablösen von Pflasterverbänden

Medikamente für den inneren Gebrauch
- Schmerz- und Fiebermittel
- Mittel gegen Halsweh, Husten
- Präparate gegen Durchfall, Magen- und Darmstörungen

- Apotheke kindersicher aufbewahren
- Inhalt regelmässig kontrollieren
- Alte Medikamente der Verkaufsstelle (Drogerie) zurückbringen und nach Notwendigkeit auswechseln
- Anstelle von Medikamenten zuerst mit «Hausmittelchen» probieren

Chemikalien im Haushalt

Chemikalien können schon in geringen Mengen die Gesundheit von Menschen, Tieren und Pflanzen beeinträchtigen, Unfälle verursachen und das Gleichgewicht der Natur gefährden.

Chemische Stoffe sind in vielen Produkten, die im Haushalt Verwendung finden. Zum Beispiel
- Reinigungsmittel, Fleckenmittel
- Farbe, Lacke, Klebstoffe, Holzschutzmittel
- Düngemittel
- Schädlingsbekämpfungsmittel
- Pflanzenschutzmittel

Das Chemikaliengesetz erfasst neben der Giftigkeit weitere Gefährlichkeitsmerkmale, z. B. die Umweltgefährlichkeit oder die Brennbarkeit.

Die wichtigsten Gefahrensymbole und -bezeichnungen

Ohne Beratung erhältlich

F	F+	Xl	Xn	N	T
Leicht entzündlich	Hoch entzündlich	Reizend	Gesundheits-schädlich	Umwelt-gefährlich	Giftig
z. B. Ethanol, Brenn-spiritus	z. B. Haarsprays, Rasier-schaum	z. B. gewisse Geschirr-spültabs	z. B. gewisse Frostschutz-mittel	z. B. gewisse Holzschutz-mittel	Benzin*

Nur mit Beratung erhältlich

C	D	E	T
Ätzend	Brand-fördernd	Explosions-gefährlich	Giftig

* Benzin ist als einziges Produkt mit Kennzeichnung «giftig» in Selbstbedienung erhältlich

Nur für Fachpersonen erhältlich

I+

Sehr giftig

Beispiel einer Kennzeichnungsetikette
(Quelle: Bundesamt für Gesundheit)

Achtung: Fehlt eine Kennzeichnung, so heisst dies nicht, dass die Produkte ungefährlich sind. Beispiele: Reinigungsmittel, Desinfektionsmittel

(8) C

(7) ätzend corrosif

enthält: Schwefelsäure acide sulfurique (6)

(1) **WC-Reiniger – Nettoyant WC, 500ml** (2)

Gefahrenhinweise (R-Sätze) (3)
R35 Verursacht schwere Verätzungen. Provoque de graves brûlures.

Sicherheitsratschläge (S-Sätze) (4)
S2 Darf nicht in die Hände von Kindern gelangen. Conserver hors de portée des enfants.
S26 Bei Berührung mit den Augen sofort gründlich mit Wasser abspülen und Arzt konsultieren. En cas de contact avec les yeux, laver immédiatement et abondamment avec de l'eau et consulter un spécialiste.
S30 Niemals Wasser dazugiessen. Ne jamais verser de l'eau dans ce produit.

Fa. Mustermann AG, Bundesplatz 4, 3000 Bern, Tel. +41 31-000 00 00 (5)

1. Produktebezeichnung
2. Füllmenge (nur bei «Publikumsproduktion» vorgeschrieben)
3. Hinweise auf die besonderen Gefahren
4. Hinweise für die sichere Handhabung
5. Name, Adresse und Telefonnummer der verantwortlichen Schweizer Firma
6. Bezeichnung der gefährlichen Inhaltsstoffe
7. Gefahrenbezeichnung
8. Gefahrensymbol

Kauf, Anwendung und Aufbewahrung von Chemikalien
- Chemiefreie Produkte bevorzugen
- Kleinste benötigte Mengen Chemikalien kaufen
- Warnaufschriften und Gebrauchsanweisungen lesen und befolgen
- Chemikalien in Originalverpackung und kindersicher aufbewahren
- Chemikalienrest an Verkaufsstelle zurückbringen
- Produkte der Giftklasse 5S sind im Selbstbedienungsladen erhältlich

Was tun, wenn doch etwas passiert?

Unfälle verhüten heisst
- Gefahren erkennen
- Hast und Eile vermeiden

Wenn trotzdem etwas passiert, heisst es
- Ruhe bewahren
- Situation einschätzen
- Massnahmen ergreifen

Wenn nötig Hilfe anfordern
- Arzt
- Sanitätsnotruf, Tel. 144
- Spital
- Polizei, Tel. 117
- Toxikologisches Zentrum, Tel. 044 251 51 51
- Rega, Tel. 1414

Notfallnummern beim Telefon aufbewahren.

Verhalten bei Vergiftungen/Verätzungen
Für den Arzt und das Toxikologische Zentrum sind genaue Angaben wichtig:

Angaben über:

WER	Name, Alter, Gewicht, Geschlecht des Betroffenen, gegebenenfalls Adresse und Telefon.
WAS	Genaue Bezeichnung des Giftes, Hersteller (Angabe auf Etikette der Verpackung).
WIE VIEL	Angabe in Gramm oder Milliliter; wenn nicht möglich, dann z.B. ein Kaffeelöffel voll, ein grosser Schluck. Bei Ätzstoffen Angabe oder Konzentration, bei Lösungsmitteln Angabe der Zusammensetzung, bei Dämpfen Farbe und Dauer der Einatmung.
WANN	Zeitangabe. Ist diese genau oder nur wahrscheinlich?
WIE	Schlucken, Berühren, Einatmen.
WEITERES	An welchem Arbeitsplatz ist der Unfall geschehen? Welche Stoffe werden dort normalerweise verwendet? Zeigt der Vergiftete schon Symptome? Welche? Hat der Verunfallte noch etwas mitgeteilt?

(Aus: Merkblatt «Gift», Nr. 11030 d, Herausgeber SUVA)

Bekleidung

Körperpflege

Hygiene und Sauberkeit
Hygiene kommt aus dem altgriechischen Wort «Hygieia», Hygieia wurde als Göttin der Gesundheit verehrt.

Unter dem Begriff Hygiene versteht man heute die Lehre der Gesunderhaltung und Krankheitsverhütung.

Körperpflege, Kleider- und Wäschepflege sind Teil der Hygiene.

Aufgaben der Haut
Die Haut erfüllt wichtige Aufgaben als:
- Ausscheidungsorgan
- Schutzorgan
- Sinnesorgan

Ausscheidungsorgan
Die Haut ist porös, Schweiss und Abfallstoffe zersetzen sich an der Luft, es beginnt unangenehm zu riechen.

Schutzorgan
Die Haut dient als äusserer Schutz vor Wärme, Kälte, Verletzungen, Austrocknung.

Sinnesorgan
Die Haut erfüllt eine weitere Aufgabe als Empfindungsmelder bei Hitze, Kälte und Schmerz.

Die Haut muss sauber gehalten werden, *gezielte Körperpflege* ist wichtig.

Aufbau der Haut

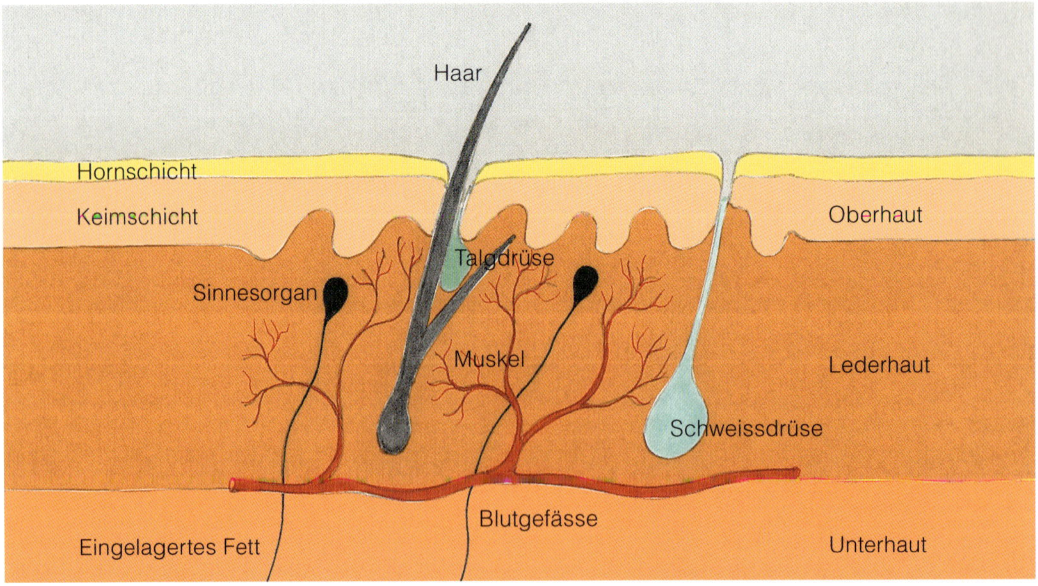

Hinweise zur Körperpflege

Gesicht
Morgens und abends waschen, bei extremer Witterung wie Sonne, Wind und Kälte Haut mit entsprechender Creme schützen. Spröde Lippen mit Lippenpomade behandeln. Make-up immer gründlich entfernen, die gereinigte Haut eincremen. Jugendakne ist altersbedingt und meist vorübergehend. In hartnäckigen Fällen Hautarzt aufsuchen.

Körper
Täglich gründlich waschen. Intimpflege ist wichtig, milde Deodorants sparsam verwenden.

Hände
Immer mit Seife waschen, mit Handcreme pflegen und schützen. Nägel sauber halten und regelmässig schneiden und/oder feilen.

Füsse
Täglich mit Seife waschen und gründlich trocknen. Socken und Strümpfe oft wechseln. Nägel schneiden und/oder feilen. Fusspilz frühzeitig behandeln.

Zähne
Nach jeder Mahlzeit reinigen. Zahnbürste etwa alle 2 Monate ersetzen. Regelmässige Kontrolle beim Zahnarzt (halbjährlich oder jährlich). Dentalhygienikerin.

Haare
Nach Notwendigkeit mit mildem Shampoo waschen, gründlich spülen.

Ausserdem wird das allgemeine Wohlbefinden und das gepflegte Aussehen unterstützt durch:
- genügend Schlaf
- viel Bewegung an frischer Luft
- ausgewogene Ernährung
- saubere Bekleidung ...

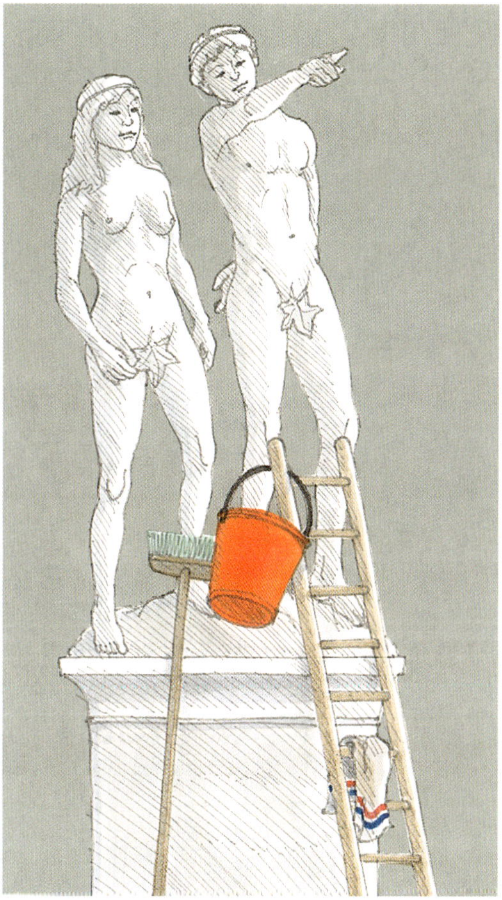

Allgemeines:
- Waschlappen, Bürste, Kamm sauber halten und regelmässig gründlich waschen
- das Angebot an Körperpflegemitteln ist unüberschaubar gross, und das Kaufinteresse wird durch gezielte Werbung noch erhöht; die Auswahl fällt oft schwer
- die aufgezählten Pflegemittel können durch Zusatzmittel wie Akneprodukte, Fussspray ergänzt werden

Die wichtigsten Textilfasern

Naturfaser			
Faserart	**Symbol** Symbole sind Orientierungshilfen zur Materialbestimmung und Qualitätsgarantie	**Herkunft**	**Natürliche Fasereigenschaften Trag- und Pflegeeigenschaften**
Pflanzliche Faser			
Baumwolle	Baumwolle	Baumwolle ist die Samenfaser des Baumwollstrauches 	weich knittert saugfähig kochfest hitzeverträglich
Flachs/Leinen	Reines Leinen Schuss: Leinen Kette: Baumwolle	Flachs/Leinen ist die Stengelfaser der Flachspflanze 	glatt kühl knittert sehr saugfähig kochfest hitzeverträglich
Tierische Faser			
Seide	Seife	Seide ist das Gespinst von Raupen des so genannten Seidenspinners 	weich fein warm glänzend knitterarm sehr saugfähig mässig waschbar licht- und hitzeempfindlich

Ausrüstungsmöglichkeiten

Ausrüstungsarten verändern und verbessern die Fasereigenschaften

Schmutz und Wasser abstossend

heiss waschbar

dauernd mottenecht

farbecht

Tierische Faser				
Wolle	Reine Schurwolle Schurwolle mit Beimischungen	Wolle ist das Fasermaterial vom Fell des Schafes. Weitere Tierhaare: Kamel, Lama, Alpaka, Angora, Kaschmirziege 	weich warm elastisch knitterarm sehr saugfähig nicht kochfest hitzeempfindlich filzt bei falscher Behandlung	

Chemiefaser

Faserart	**Herkunft**	**Fasereigenschaften** **Trag- und Pflegeeigenschaften**
Cellulose-Faser zum Beispiel: – Viskose – Modal – Acetat	Ausgangsstoff: Cellulose ist ein natürlicher Rohstoff, der aus Holz gewonnen wird.	glatt weich knitterarm geringe Saugfähigkeit waschbar schlecht hitzeverträglich leicht entflammbar Pflegeaufwand: je nach Herstellungsverfahren unterschiedlich
Synthetische Faser zum Beispiel: – Polyamid – Polyacryl – Polyester	Ausgangsstoff: Steinkohle, Erdöl, Kalk, Wasser Stickstoff Durch chemische Verbindungen entsteht die Chemiefaser	glatt kühl knittert nicht geringe Saugfähigkeit gut waschbar, schnell trocken schlecht hitzeverträglich leicht entflammbar Pflegeaufwand: gering

In der Textilindustrie werden reine Fasern und Fasergemische zu (Misch-)Gewebe verarbeitet. Beispiele:

100% Baumwolle	65% Polyester 35% Baumwolle	67% Baumwolle 33% Viskose	55% Polyester 45% Wolle

Fasermischungen, Herstellungsart und Ausrüstungsarbeiten verändern die Trag- und Pflegeeigenschaften.

Wäsche aufbewahren und sortieren

Schmutzwäsche aufbewahren
- Trocken
- Locker
- In luftdurchlässigem Behälter

Schmutzwäsche sortieren
Sortieren mit Hilfe der Textilpflegeetikette. Dabei wird zusätzlich unterschieden in:
- Farbe
- Verschmutzung

Feinwäsche in der Maschine
- Ohne Vorwaschen
- Mit Vorwaschen

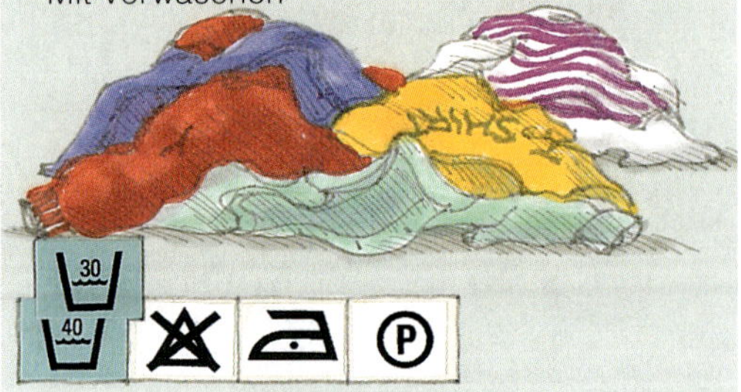

Kochwäsche
- Ohne Vorwaschen
- Mit Vorwaschen

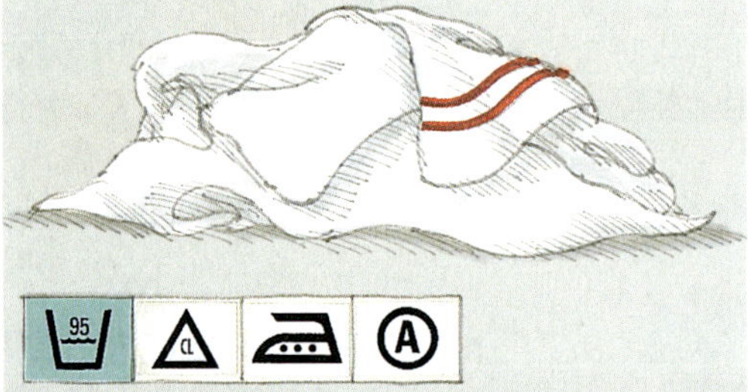

Feinwäsche von Hand

Buntwäsche
- Ohne Vorwaschen
- Mit Vorwaschen

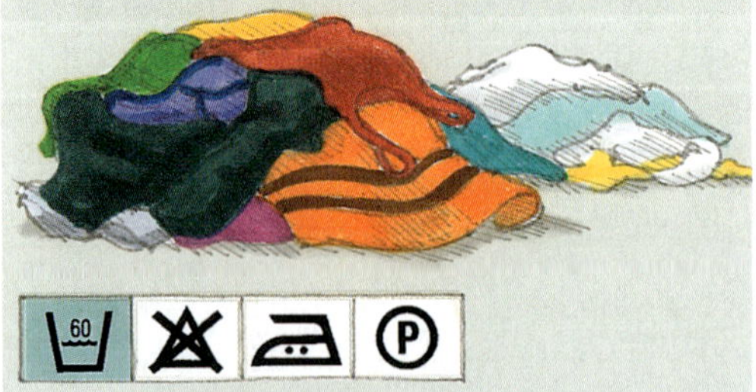

Nichtwaschbare Kleidungsstücke

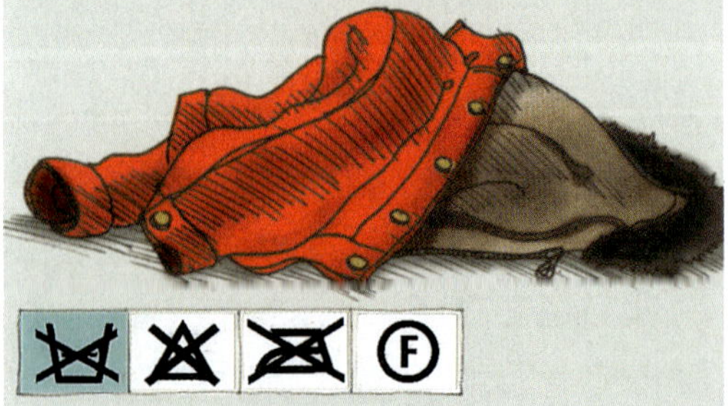

Pflegesymbole für Textilien

Waschen (Waschbottich)	95	95	60	60	40	40	30		
	Normal-waschgang	Schon-waschgang	Normal-waschgang	Schon-waschgang	Normal-waschgang	Schon-waschgang	Schon-waschgang	Handwäsche oder Spezial-waschgang	nicht waschen
	Die Zahlen im Waschbottich entsprechen den maximalen Waschtemperaturen, die nicht überschritten werden dürfen. – Der Balken unterhalb des Waschbottichs verlangt nach einer (mechanisch) milderen Behandlung (z.B. Schongang). Er kennzeichnet Waschzyklen, die sich z.B. speziell für pflegeleichte und mechanisch empfindliche Artikel eignen.								

Bügeln (Bügeleisen)	heiss bügeln	mässig heiss bügeln	nicht heiss bügeln	nicht bügeln
	Die Punkte kennzeichnen die Temperaturbereiche der Regler-Bügeleisen			
Nassreinigung W	W	W	W	W
	waschbares Textilmaterial	nassreinigungs-technisch empfindliche Textilien	nassreinigungs-technisch sehr empfindliche Textilien	Nassreinigung nicht möglich
Textilreinigung	A	P P	F F	
	auch Kiloreinigung möglich	mit Vorbehalt	Kiloreinigung nicht möglich	keine chemische Reinigung möglich
	Die Buchstaben sind für die Textilreinigung bestimmt. Sie geben einen Hinweis auf die in Frage kommenden Lösungsmittel. Der Strich unterhalb des Kreises verlangt bei der Reinigung nach einer Beschränkung der mechanischen Beanspruchung, der Feuchtigkeitszugabe und der Temperatur.			

Tumbler-Trocknung	Trocknen mit normaler thermischer Belastung	Trocknen mit reduzierter thermischer Belastung	Trocknen im Tumbler nicht möglich
	Die Punkte kennzeichnen die Trocknungsstufen des Tumblers (Wäschetrockner)		

Jeder Waschvorgang verbraucht viel Energie und sauberes Wasser, beschleunigt den Faserverschleiss und die Waschmaschinenabnützung.

Möglichkeiten zum umweltfreundlicheren Waschen

- Weniger oft waschen: Reinlichkeitsfimmel überdenken,
  Waschhysterie abbauen,
  Kleider schonen, Gegenstände aus Naturfasern vermehrt lüften statt nach jedem Tragen waschen
- Ansprüche an das Waschresultat überdenken und eventuell reduzieren
- Sich über Wasch- und Umweltfragen auf dem Laufenden halten und Anregungen befolgen
- Werbeslogans kritisch beurteilen

- Dosierungsvorschriften beachten und befolgen
- Überdosierung vermeiden
- Einsatz von zusätzlichen Waschhilfsmitteln überdenken, zum Beispiel Weichspüler
- Waschmittelauswahl nach Waschprogramm wählen

- Gut gefüllte, aber nicht überfüllte Maschine in Betrieb setzen
- Teilgefüllte Maschine nur ausnahmsweise und mit Sparprogramm laufen lassen → Waschmitteldosierung anpassen (Reduktion um ca. einen Drittel)
- Für leicht beschmutzte Wäsche Programm ohne Vorwaschen wählen
- Wenn möglich mit tieferen Temperaturen waschen → 60° C anstatt 95° C

Durch die gegenwärtige Umweltproblematik ist es schwierig, das Thema Waschmittel abzuhandeln. Politiker und Industrie suchen nach neuen Wegen und besseren Lösungen, um die Umweltbelastung zu verringern.

Der Übergang zu phosphatfreien Waschmitteln bedeutet eine Veränderung, die von allen Beteiligten (Hausfrauen/Männer, Waschmaschinenhersteller und Waschmittelproduzenten) beachtet und gemeistert werden muss.
- Einfluss auf die Umwelt, die Waschleistung, das Waschergebnis
- Auswirkungen auf die Wäsche, das Waschverfahren, die Waschmaschine

Das Waschen mit Seifenflocken wie in alten Zeiten ist möglich. Diese relativ komplizierte Art erfordert zusätzliche Kenntnisse und Erfahrung.

Der Waschtag früher war eine arbeitsintensive Angelegenheit. Die schmutzigen Wäschestücke, vorwiegend aus Naturfasern, wurden wochenlang aufbewahrt und anschliessend mit Seife, Soda und viel Kraftaufwand gewaschen. Diese Art zu waschen belastete die Umwelt kaum.

Heute wird die Wäsche öfter gewechselt, die Fasern sind vielfältiger und die Verschmutzung hat sich verändert. Der «Waschtag» heute besteht aus dem Einfüllen des Waschautomaten, dem Wechseln in den Tumbler ... Diese Art zu waschen bedeutet eine grosse Arbeitserleichterung, belastet aber die Umwelt stärker.

Waschmittel

Angebot und Gruppierung

Bunt-, Vorwaschmittel
30–60° C
- Vorwaschen von Kochwäsche
- Vor- und Hauptwaschen von Buntwäsche

Haupt-, Klar-, Kochwaschmittel
95° C
- Hauptwaschen von Kochwäsche

Allein-, Voll-, Universalwaschmittel
30–95° C
- Vor- und Hauptwaschen von Fein-/Bunt-/Kochwäsche

Fein-, Wollwaschmittel, Spezialwaschmittel für Synthetics
30–60° C
- Feinwäsche von Hand
- Feinwäsche im Automaten

«Tandem-Waschmittel»
Sind Vor- und Hauptwaschmittel, ein Gespann vom gleichen Hersteller, die sich optimal ergänzen

Flüssige Waschmittel
- Waschmittel mit Anwendungsbereich bis 60° C

Seifenflocken
- + Enthärtungsmittel je nach Wasserhärte
- + Eventuell Bleichmittel

Baukastenwaschmittel
Bausteine:
- Basiswaschmittel
- Enthärter
- Bleichmittel

Je nach Verschmutzung der Wäsche können die einzelnen Teile zugegeben werden. Das Basiswaschmittel sollte auf die unterste Wasserhärte eingestellt sein. Nur bei mittlerem oder hartem Wasser wird Enthärter hinzugefügt. Für Kochwäsche kommt im Hauptgang noch das Bleichmittel dazu.

Waschhilfsmittel

Bleichmittel
Unterstützt die Bleichwirkung des Waschmittels während des Waschprozesses.

Schnellenthärter
Kann zusätzlich dem Waschmittel beigegeben werden. Nur bei sehr hartem Wasser, belastet jedoch zusätzlich die Umwelt.

Weichspüler
Kann dem letzten Spülwasser beigegeben werden. Trät jedoch zur Sauberkeit nicht bei, belastet nur die Umwelt.
- Macht Wäsche weich.
- Verringert die elektrostatische Aufladung von synthetischen Fasern.
- Verringert die Saugfähigkeit.

Je nach Wäscheart, Verschmutzung und Wasserhärte können zusätzliche Waschhilfsmittel und Spezialwaschmittel eingesetzt werden.

Produktedeklaration
Auf Verpackungen von Wasch- und Waschhilfsmitteln muss der Hersteller oder Importeur die Bestandteile nach der Art ihrer Wirkungsweise deklarieren.

Die hauptsächlichsten Bestandteile der Waschmittel

Synthetisch waschaktive Substanzen
Anionische, nichtionische und kationische Tenside.

Grundprodukte:
- Hauptsächlich Kohle- und Erdölderivate

Eigenschaften:
- Gute Waschkraft schon im kalten Wasser, vorzügliches Fett- und Schmutzlösevermögen.

Seife
Natrium- und Kalziumsalze von Fettsäuren

Grundprodukte:
- Pflanzliche und tierische Öle und Fette (Arachid-, Kokos-, Oliven-, Palmöl usw. sowie Rindertalg)

Eigenschaften:
- Gute Waschkraft ab zirka 50°C, je höher die Temperatur, desto wirksamer. Rückfettung beim Waschprozess ergibt weiche und gepflegte Wäsche.

Wasserenthärter
Zeolith, NTA
- Zur Bindung des im Wasser enthaltenen Kalkes. Verhindern die Bildung von Kalkseife und ein Verkrusten der Wäsche und der Automaten.

Bleichmittel
Perborat
- Zur Entfernung nicht auswaschbarer Flecken

Waschalkalien
Natriumcarbonat, Natriumsilikat
- Erhöhen das Schmutzlösungsvermögen der waschaktiven Substanzen und unterstützen die Bleichung.

Natriumsalze
Natriumsulfat
- Gehören zur Gerüstsubstanz der pulverförmigen Waschmittel

Enzyme
- Lösen organische Verschmutzungen (Eiweiss/Stärke), ideale Wirkung zwischen 35–37°C.

Lösungsmittel
z.B. Alkohol in Flüssigwaschmitteln

Optische Aufheller
- Zur Erhöhung des Weissgrades der Weisswäsche und der Leuchtkraft der Farben. Fluoreszierende Stoffe, die die unsichtbaren ultravioletten Strahlen des Lichtes in sichtbares Licht umwandeln und reflektieren.

Faserschutzmittel
z.B. Magnesiumsilikat als Stabilisator der Bleichmittel

Schmutzträger
Hauptsächlich Cellulosederivate

Parfüm
Duftkomponente, Duftstoffe
- Gibt der Wäsche einen angenehmen Duft

Wasserhärte
Der Kalkgehalt im Wassor wird mit französischen Härtegraden angegeben.

Hartes Wasser: 26 und mehr frz. Härtegrade
Mittelhartes Wasser: 16–25 frz. Härtegrade
Weiches Wasser: 0–15 frz. Härtegrade

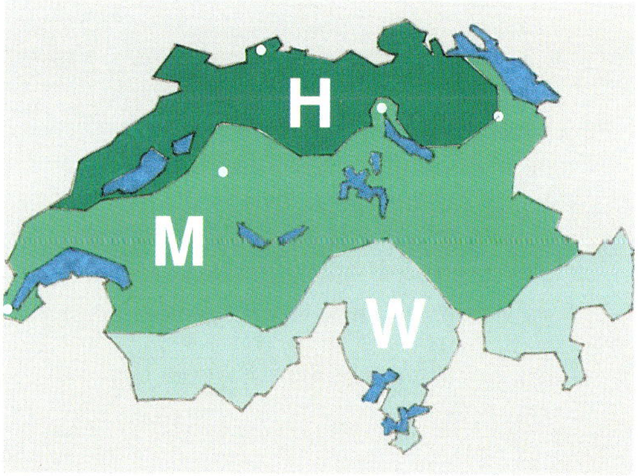

Die genaue Wasserhärte kann bei der zuständigen Stelle der Gemeinde erfragt werden.

Maschinen- und Handwäsche

Maschinenwäsche

Wäsche vorbereiten

Um Wäscheschäden zu vermeiden, gute Resultate zu erzielen und Zeit sparend zu arbeiten, ist die Wäsche vorzubereiten:

- Taschen wenden und ausbürsten
- lose Bändel locker verknüpfen
- Reissverschlüsse schliessen, Knöpfe öffnen
- Plüsch-, Manchesterkleider und Bettanzüge wenden
- stark verschmutzte Stellen, zum Beispiel Kragen, Manschetten, Flecken vorbehandeln
- feine Gegenstände im Waschnetz waschen

Wäsche einfüllen

- Grosse und kleine Wäschestücke locker einfüllen
- Trommel richtig füllen, eine handbreite Lücke lassen
- Trommel für Feinwäsche nur ein Drittel bis zur Hälfte füllen
- verhindert Knitterbildung
- Beim Schliessen keine Wäschezipfel einklemmen

Waschmaschine in Betrieb setzen

- Waschmaschine nach *Betriebsanleitung* bedienen
- Strom einschalten, Wasserhahnen ganz öffnen
- Waschprogramm je nach Wäsche wählen
- Waschmittel wählen, richtig dosieren
  - Fassungsvermögen der Waschmaschine und Waschprogramm beachten
  - Wasserhärte kennen und berücksichtigen
  - Dosierungsvorschriften befolgen
  - Massbecher benützen

Waschmaschine ausser Betrieb setzen

- Trommel entleeren
- Filter und Maschine reinigen
- Wasserhahnen ganz schliessen, Strom ausschalten

Handwäsche

Dazu zählt man:

- Kleidungsstücke mit diesem Pflegesymbol:

- spezielle Wollgegenstände
- Gegenstände aus feinen und empfindlichen Stoffen
- stark färbende Gegenstände
- eventuell neue Gegenstände
- Wäsche zwischendurch

Vorgehen

- Wäsche vorbereiten wie bei der Maschinenwäsche
- Waschwasser bereitstellen, Temperatur nach Symbol und Faserart
- Feinwaschmittel nach Gebrauchsanweisung dosieren
- Zuerst helle, dann dunkelfarbige Gegenstände waschen
- Waschmittellauge wirken lassen
- Wollene Stricksachen leicht durchdrücken, nie reiben; synthetische Gegenstände kurze Zeit einlegen und anschliessend durchwaschen
- Spülen, bis das Wasser klar bleibt
- Zum Trocknen empfindliche Gegenstände in Frottiertuch einschlagen, von Hand ausdrücken oder anschwingen

Behandlung der Wäsche

Behandlung neuer Wäsche

Waschen

Fabrikneue Wäsche ist oft sehr stark appretiert. Dadurch wirken die Gegenstände schöner, verlieren jedoch ihre Saugfähigkeit und können bei empfindlicher Haut zu Reizungen führen.

Vorbehandlung

- Wäsche nach Farben getrennt in viel kaltem Wasser über Nacht einweichen und anschliessend waschen. Maschine nicht zu stark füllen → Knittergefahr
- Farbige Wäschestücke auf Farbechtheit prüfen

Behandlung bei entstandenen Wäscheschäden

Verfärbungen

Ursache
Nicht farbechte Stücke mit anderen zusammen gewaschen.

Behandlung
Nochmaliges Waschen kann den Schaden eventuell beheben.

Weisswäsche
Mit Entfärber behandeln (z.B. Javel), Gebrauchsanweisung beachten, waschen.

Buntwäsche
Mit Entfärber behandeln, äusserste Vorsicht, die Eigenfarbe könnte angegriffen werden.

Stockflecken

Ursache
Feuchte Wäsche unsachgemäss aufbewahrt.

Behandlung
In Javelwasser einweichen, waschen.

Verfilzen

Ursache
Zu hohe Wassertemperatur, starke mechanische Beanspruchung, falsche Auswahl und Dosierung des Waschmittels.

Behandlung
Keine!

Trocknen

Trocknen
Wäsche je nach Form und Material trocknen. Wäschestücke ausschlagen und ausstreichen, darauf achten, dass sie nicht verzogen werden. Dies erleichtert oder erübrigt das Bügeln.

- Gegenstände aus synthetischen Fasern eventuell tropfnass aufhängen
- Nähte glattstreichen, Kragen und Manschetten in Form ziehen
- Anklammern, wenn notwendig
- Formgerechte Kleiderbügel aus Kunststoff verwenden
- Wollene Stricksachen auslegen

Wollgegenstände, Buntwäsche und weisse Synthetics nicht direkter Sonnenbestrahlung aussetzen.

Bügelwäsche, die sofort weiterbehandelt wird, nicht ganz austrocknen lassen.

Trockene Wäsche abnehmen und sortieren.

Im beheizbaren Trocknungsraum Temperatureinstellung beachten und Luftzirkulation gewährleisten.

Beim Trocknen im Tumbler:
- *Bedienungsanleitung* befolgen
- Trocknungsdauer und Temperatur dem Material entsprechend einstellen
- Pflegesymbole beachten:

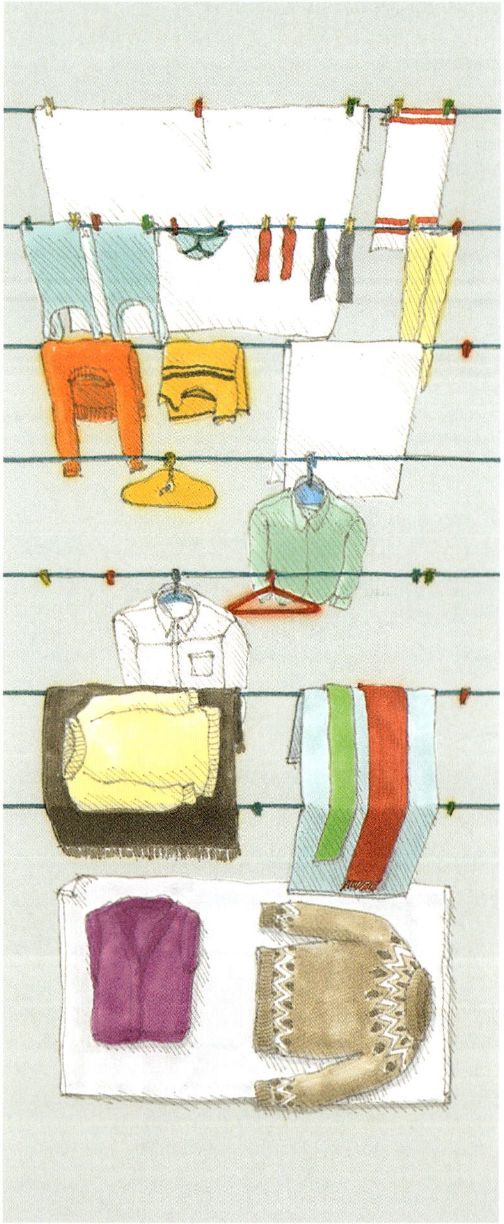

Strecken und bügeln

Muss bügeln sein?
Die persönlichen Ansprüche an das Aussehen der Wäsche und der Oberbekleidung sind entscheidend, ob diese gestreckt oder gebügelt werden müssen.

Strecken
Ein grosser Teil der Wäsche kann in die Form gezogen, gefaltet und versorgt werden. Beispiele: Wolle, Trikot, Frottee.

Bügeln
Das Bügeln verleiht der Wäsche ein schönes Aussehen und gibt ihr eine gute Form. Die Wäsche wird durch die Hitzeeinwirkung keimarm und durch die glatte Oberfläche weniger schmutzempfindlich.
Beispiele: Oberbekleidung, Tischwäsche.

- Zweckmässigen Arbeitsplatz einrichten → siehe FT Arbeitsplatzgestaltung S. 171/172
- Wäsche nach der angegebenen Bügeltemperatur sortieren; Wäschestücke mit der tiefsten angegebenen Temperatur zuerst bügeln; die vorgegebenen Temperaturen einhalten.

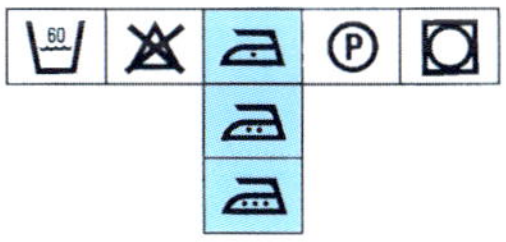

- Doppelte Teile, zum Beispiel Säume, wenn nötig auf der linken Seite anbügeln, rechts glattbügeln
- Kleine Teile zuerst bügeln
- Wäsche so vor sich hinlegen, dass möglichst grosse Flächen gebügelt werden können, das Verziehen der Wäsche vermeiden
- Wäsche möglichst wenig heben und wenden
- Wäsche ganz trocken bügeln

Den für sich geeignetsten Arbeitsablauf finden und diesen beibehalten.

Hilfsmittel zum Bügeln
Bügeleisen:
Angeboten werden *Regler- und Dampfbügeleisen sowie Dampfbügelstationen.* Das Reglereisen wurde vom Dampfbügeleisen weit gehend verdrängt.

Mit dem Dampfbügeleisen ist das Bügeln in verschiedenen Temperaturbereichen mit oder ohne Dampf möglich. Es ermöglicht zwei Arbeitsgänge auf einmal: Einfeuchten und Bügeln.

Bei unbefriedigendem Resultat kann die Wäsche zusätzlich eingefeuchtet werden, z.B. Tischwäsche.

Bügelfläche:
Bügelbrett oder Tisch mit dicker Unterlage und Tuch oder Spezialtuch straff bezogen, eventuell Ärmelbrett benützen.

Möglichkeiten zum Falten von Wäsche

Falten

- Grösse der gefalteten Stücke den Platzverhältnissen im Schrank anpassen
- Gleichartige Wäschestücke in gleicher Weise und Grösse falten, unerwünschte Faltenbildung vermeiden
- Nur vollständig ausgetrocknete Wäsche versorgen
- Flickwäsche aussortieren

Hose

Fixleintuch

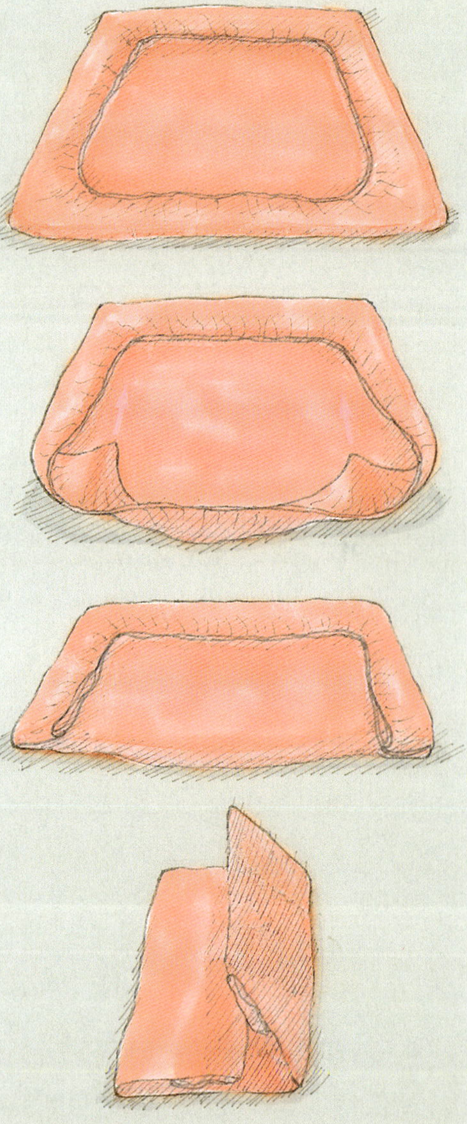

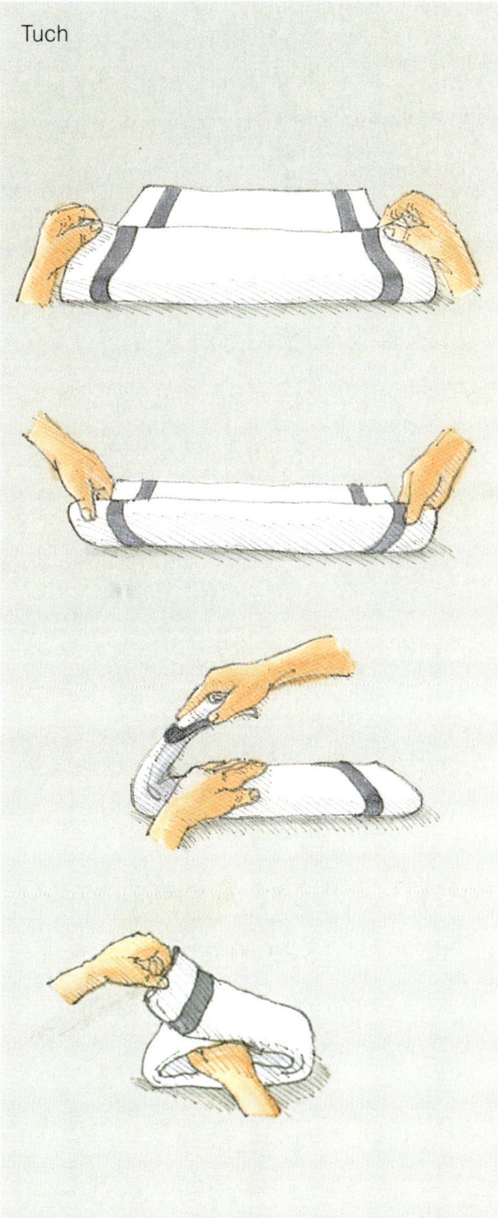
Tuch

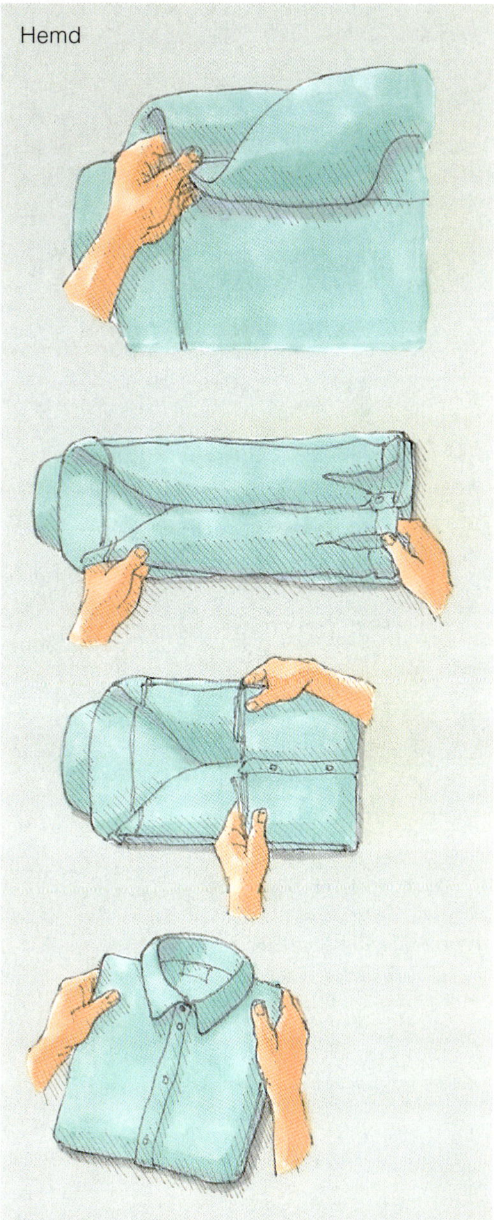
Hemd

Reinigen und auffrischen, Textilreinigung

Kleider mit diesem Zeichen dürfen nicht gewaschen werden:

Diese Kleider können selber gereinigt und aufgefrischt oder in ein Textilreinigungsfachgeschäft gebracht werden.

Reinigen und auffrischen

1. Gegenstand auslüften und ausbürsten
2. Mit Trockenschaum oder Feinwaschmittelschaum auffrischen

Vorgehen:
- Schaum schlagen mittels Spezialschwamm
- Sorgfältig auftragen, ohne das Gewebe zu verziehen
- Einwirken lassen
- Schaum mit weichem Lappen entfernen
- Ganz trocknen lassen
- Nässe vermeiden, nur feucht arbeiten

3. Aufdämpfen: Wollstoff und Mischgewebe.

Vorgehen:
- Gegenstand in richtige Form zurechtlegen
- *Mit dem Dampfbügeleisen durch Umschalten auf Dampf:* in der Regel ohne Tuch dämpfen, ausgenommen heikle und glanzempfindliche Stoffe
- *Mit dem Dampfbügeleisen ohne Umschalten auf Dampf:*
  - Spezialdämpftuch nach Gebrauchsanweisung einsetzen oder
  - Leinen oder Baumwolltuch zur Hälfte netzen und auswringen, falten und die trockene Seite auf den Gegenstand legen
  - Heisses Eisen ohne Druck auf Dämpftuch leicht führen, Tuch soll trocken, jedoch nicht braun werden
  - Tuch entfernen und Gegenstand mit Kleiderbürstenrücken leicht klopfen, dann bürsten
- Aufgedämpften Gegenstand an Bügel hängen und gut austrocknen lassen

Textilreinigung

Möglichkeiten

Kiloreinigung
- Kein Sortieren
- Kein Bügeln
- Keine spezielle Fleckenentfernung

Normalreinigung
- Sortieren
- Bügeln
- Keine spezielle Fleckenentfernung

Spezialreinigung
- Sortieren
- Bügeln
- Flecken entfernen

Nassreinigung
Dieses Verfahren ermöglicht eine optimale Imprägnierung.

Vorbereiten der Kleidungsstücke
- Taschen wenden und ausbürsten
- Nähte und Aufschläge ausbürsten
- Knöpfe, Gürtel, Schnallen aus empfindlichen Materialien entfernen
- Flecken bezeichnen

Flecken entfernen

Bei kochechten Baumwoll- und Leinengeweben erübrigt sich meistens die Nachbehandlung nach dem Auswaschen des frischen Fleckens. Nach ein- bis mehrmaligem Kochen verschwinden meist auch hartnäckige Flecken.

Fleckenentfernung ist immer mit Risiken verbunden. Unbekannte Flecken in heiklen Stoffen dem Fachmann in der Textilreinigung überlassen.

Vorgehen

Bei der Fleckenentfernung die folgenden Grundsätze beachten:

- Art des Stoffes und Art des Fleckens bestimmen
- Arbeitsplatz am offenen Fenster oder auf dem Balkon einrichten → Fleckenmittel sind oft giftig und feuergefährlich
- Fleckenmittel an unsichtbarer Stelle ausprobieren auf Farbechtheit und Faserbeständigkeit
- Farbige Stoffe besonders vorsichtig behandeln
- Flecken nach Möglichkeit von der Rückseite her entfernen
- Fleckige Stelle auf saugfähige Unterlage legen
- Genügend Fleckenmittel verwenden
- Randbildung vermeiden
  - Von aussen nach innen arbeiten
  - Mit Kleiderbürste leicht herausklopfen
  - Geeignete Lappen verwenden
  - Unterlage öfter verschieben

Tipps

- Flecken möglichst frisch mit saugfähigem Papier abtupfen
- Immer zuerst mit schwachen Mitteln arbeiten, zum Beispiel Wasser, Seife, Feinwaschmittel, erst dann zu stärkeren Mitteln greifen, zum Beispiel Fleckenmittel

Flecken entfernen

Art der Flecken	Frische Flecken	Alte Flecken	Bemerkungen
Baumharze	Mit Terpentin mehrmals abtupfen.	Längere Einweichzeit nötig.	Altes Terpentin gibt Flecken!
Beerenobst, Obst, Wein, Fruchtsaft	Sofort kalt auswaschen mit Seife.	Mit Vollwaschmittelbrei bestreichen, einweichen lassen, eventuell mit Javelwasser (1–2 Esslöffel auf 5 dl Wasser).	Auch die Sonne kann bleichen. Stoff mehrmals befeuchten. Javelwasser nicht geeignet für Wolle, Seide, Kunstfasern.
Bier	Mit Seife (waschen)		
Blut	Sofort mit kaltem Wasser auswaschen, eventuell mit Seife.	Einweichen in Seifen- oder Essigwasser, eventuell Fachmann übergeben.	Alte Flecken: Temperatureinwirkungen ausgesetzte Blutflecken können irreparabel sein.
Cola, Kakao, Kaffee	Sofort auswaschen mit Seife oder in warmem Wasser mit etwas Glycerin, nachwaschen mit Seife.	Dem Fachmann überlassen.	Stark gealterte Flecken können irreparabel sein.
Farben	Mit Seife auswaschen, wenn nicht wasserlöslich, mit gereinigtem Terpentinöl abreiben, mit Seife nachwaschen oder mit Leichtbenzin.	Dem Fachmann überlassen, jedoch geringe Chancen.	Eventuell Rat des Drogisten einholen.
Fette	Mit Benzin oder Fleckenwasser, auch Fleckenpaste oder Pfeifenerdebrei (mit Benzin anrühren).		
Filzstifte	Wasserlösliche → mit Wasser auswaschen Wasserfeste → mit Sprit behandeln		
Gras	Mit Feinsprit mehrmals abreiben.		
Kaugummi	Wenn möglich in Gefrierfach legen, zerbröckelt dann von selbst.		Spezielles Fleckenmittel in der Drogerie erhältlich.
Kerzenwachs	Trocknen lassen, anschliessend mit Fliesspapier oder Papiertaschentüchern und warmem Bügeleisen herausschmelzen. Anschliessend verbleibenden Fettfleck wie solchen behandeln.		
Kleibstoffe, Leime	Weissleime sind in frischem Zustand wasserlöslich, also sofort auswaschen.	Fachmann	

Art der Flecken	**Frische Flecken**	**Alte Flecken**	**Bemerkungen**
Alleskleber, Kontaktkleber	Eventuell Lacklösungsmittel wie Aceton, Nitroverdünner Nagellack-entferner.	Fachmann	Achtung: Lösungsmittel können Färbungen und Fasern angreifen, vor allem auf Baumwolle und Azetatseide, oder gar auflösen (Azetatseide).
2-Komponenten-Kleber	Solange frisch, möglichst rasch wegwischen.	Nicht mehr entfernbar.	
Kotspritzer	Trocknen lassen, ausbürsten.		Eventuell mit Fingernagel abkratzen.
Kugelschreiber	Fachmann		Dokumentenechte kaum entfernbar.
Lackfarben	Ölfarblöser auftragen, eventuell Lösungsmittel aus Drogerie.		Am besten dem Fachmann überlassen.
Lippenstift	Fleckenwasser oder -paste.	Fachmann	
Nagellack	Mittels Nagellackentferner.		Nicht bei Acetatseide oder Tricel.
Rotwein	Mit Salz bestreuen.		Eventuell wiederholen. Nach Einwirkzeit Salz entfernen.
Rost	Spezieller Rostentferner		In der Drogerie erhältlich.
Schuhwichse	Fleckenwaser oder Seifenwasser	Mit Terpentin lösen, danach mit Fleckenwasser, Seife.	
Schweissränder	Mit Salmiakgeist abreiben (1 Kaffeelöffel Salmiakgeist pro 5 dl).	Eventuell irreparable Farbschäden.	
Sengflecken	Sofort mit kaltem Wasser auswaschen, an die Sonne legen.		Bei Synthetikfasern irreparable Schäden.
Stockflecken	Mit Essig abreiben, eventuell mit Javelwasser, nachspülen.		
Tinte	Mit Zitronensaft behandeln, danach mit Waschmittelbrei behandeln, gut spülen.		Empfindliche Stoffe sofort dem Fachmann übergeben.
Urin	Seifenwasser, eventuell Salmiakwasser.	Alte, starke Verfleckungen nicht entfernbar.	
Wagenschmiere	Mit Fleckenwasser oder mit Butter einreiben, etwa 1 Stunde wirken lassen, abschaben, zuletzt die Fettflecken entfernen.		

Kleidung und Mode

Modeströmungen können den ganzen Lebensstil eines Volkes während einer bestimmten Zeit beeinflussen.

Es gibt nichts in der menschlichen Umgebung, das nicht von der Mode erfasst werden könnte:
- Baukunst
- Wohnung/Einrichtungsgegenstände
- Essgewohnheiten
- Musik
- Freizeitbeschäftigung
- Reisen
- Frisuren
- ...

In der Kleidung und den dazu passenden Accessoires ist der Modewandel am sichtbarsten.

Der Mode unterworfen sind: *Material, Farbe, Musterung, Schnitt, Weite, Länge.*

Auf diese Weise lässt die Mode ein Kleidungsstück veralten, obwohl es den praktischen Anforderungen noch genügt.

Neben kurzfristigen, hochmodischen Neuheiten gibt es auch Kleidungsstücke, die von der Mode nicht oder nur wenig beeinflusst werden, wie Trachten, Berufskleider, klassische Anzüge, Kostüme.

Mode und Hosenschnitt

1 Cigarette
2 Bundfalte
3 Twist
4 Röhrli
5 Rüebli
6 Clochard
7 Fliegerhose
8 Knickerbocker
9 Pumphose
10 Keilhose
11 Kletterhose
12 Bermuda-Shorts

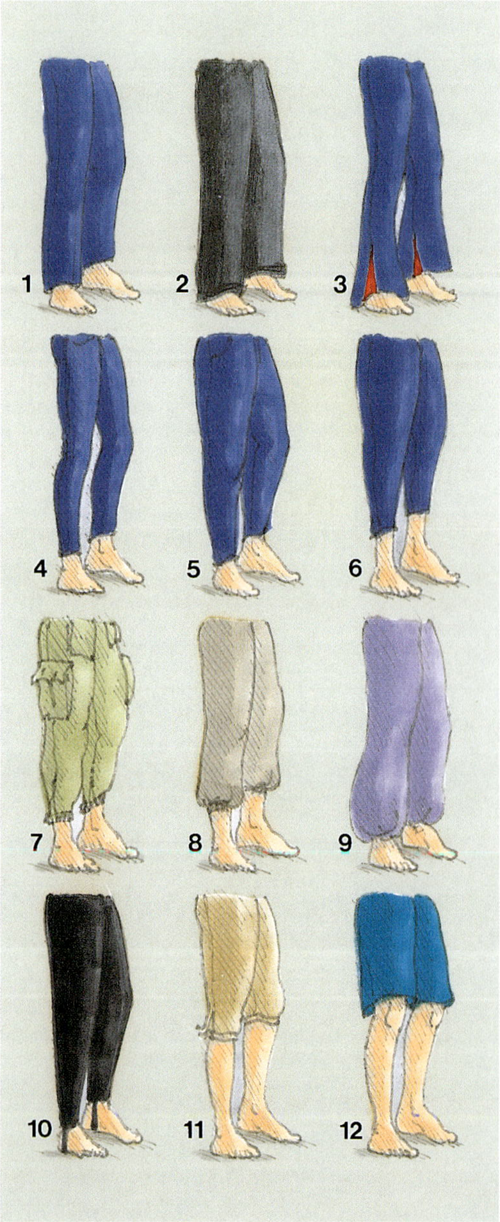

Mode und Werbung

Mode und Werbung
Der schnelle Modewechsel braucht einen grossen Werbeaufwand, damit der Verkauf gewährleistet ist.

Modewerbung verspricht beim Kauf eines bestimmten Kleidungsstückes begehrte Eigenschaften wie:
- Schönheit
- Jugend
- Frische
- gutes Aussehen
- Anerkennung

Jugendliche sind für Modekäufe besonders anfällig und für die Werbebranche ein beliebtes Zielpublikum.

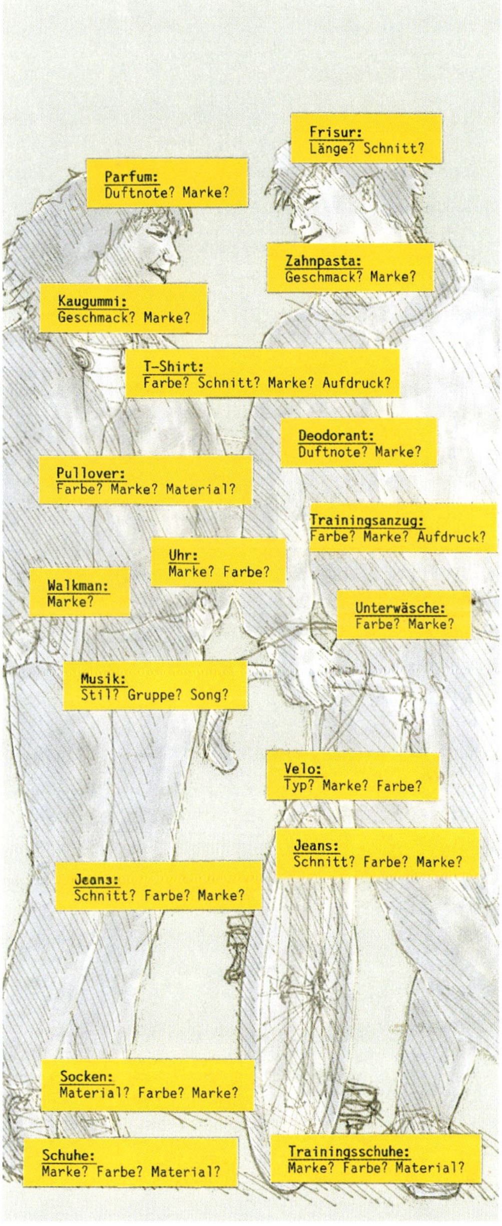

Einkaufsüberlegungen

Verwendung
- Zweck
- Jahreszeit
- Grösse
- Material
- Kombinierbarkeit

Pflegeaufwand
- Material
- Ausrüstung
- Verarbeitung
- Schnitt
- Pflegesymbol

Aussehen
- Schnitt
- Farbe
- Musterung
- Material
- Kombinierbarkeit

Weitere Überlegungen
- Modeströmungen
- Einfluss der Werbung
- Eventuell Umarbeitungsmöglichkeiten

Siehe Einkaufsüberlegungen Seite 226

Leder

Seit Jahrhunderten lebt der Mensch mit Häuten und Fellen, mit Leder.

Leder ist die Haut von Tieren.

Für die Lederherstellung wird mehrheitlich die oberste Hautschicht samt den Haaren entfernt.

Die unterste Hautschicht wird vom anhaftenden Fleisch befreit.

Verschiedene Gerbverfahren und darauf folgende Nacharbeiten wie Abpressen, Falzen, Fetten, Trocknen verwandeln Haut in Leder.

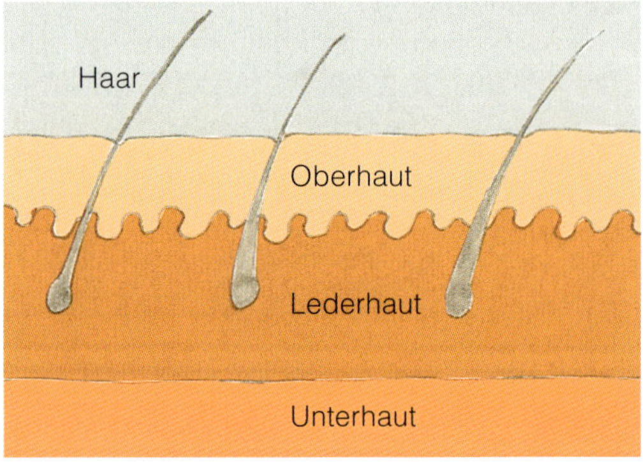

Ledereigenschaften
Echt Leder ist atmungsfähig, porös, geschmeidig, elastisch, weich, anschmiegsam, dauerhaft.

Diese Eigenschaften machen Leder zu einem begehrten Material, welches vielseitige Verwendung findet.

Je nach Zurichtungsverfahren können Aussehen und Eigenschaften des Leders unterstrichen, beeinflusst oder sogar verändert werden, zum Beispiel durch
- Aufrauen
- Färben
- Aufpressen eines Narbenbildes
- …

Lederimitationen sind heute im Handel häufig und für den Laien nur schwer von echtem Leder zu unterscheiden.

Echte Ledergegenstände und einzelne Lederteile sind mit einem Signet gekennzeichnet.

Lederarten

Glattleder
Die Haarseite mit Narbenbild wird als Aussenseite verwendet.

Velourleder (Wildleder – Rauleder)
Die Fleischseite wird nach aussen gekehrt und als Aussenseite verwendet.

Spaltleder
Dicke Lederhaut wird in zwei oder mehrere Schichten gespalten.

Lackleder
Die Haarseite wird geschliffen und mit zwei bis drei Lackschichten versehen.

Kunstleder
Kunstleder ist ein vollsynthetisches Material mit lederähnlichem Aussehen, jedoch ohne wertvolle Ledereigenschaften.

Pflegekennzeichnung

Die Buchstaben sind für die Textilreinigung bestimmt.

Schuhe

Geschichtliche Entwicklung
Die Urformen des Schuhs sind eher einfach gewesen.

In den südlichen Ländern schützte man sich gegen die Hitze des Bodens oder scharfkantige Steine mit einer Sohle, welche am Fuss festgeschnürt wurde. So entstand die Sandale.

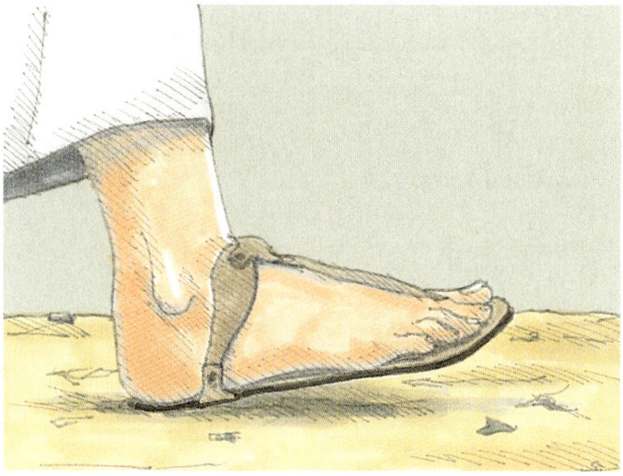

In den nördlichen Ländern wickelten sich Jäger gegen Kälte und Nässe Leder und Häute um die Füsse. So entstand der Bundschuh, der aus einem Stück Leder bestand.

Aus der Kombination von Sandale und Bundschuh entwickelte sich der heutige Schuh, welcher aus Sohle und Oberschuh besteht.

Gute Schuhe – gesunde Füsse

Funktionen
- Schutz vor Witterungseinflüssen und Verletzungen
- Halt des Fusses

Anforderungen

Material
- Das Leder mit seinen typischen Eigenschaften ist besonders geeignet.

Form und Verarbeitung
- *Der Fussform entsprechend:* Länge, Breite, Wölbung.
- *Absatzhöhe:* Gesund ist ganz flach, Absätze sind nur für das Auge und in jedem Falle unnatürlich.
- *Sohle:* Die Sohle soll beweglich sein und das Abrollen des Fusses ermöglichen.
  Zu sehr ausgetragene Schuhe können schädlich sein. Die Sohle wird vor allem dort abgenutzt, wo sie stark belastet wird. Dies verändert die Schuhform. Qualitativ gute Lederschuhe sollten früh genug neu besohlt werden.

Der gesunde Fuss braucht nicht speziell gestützt zu werden, auch nicht zur Vorbeugung.

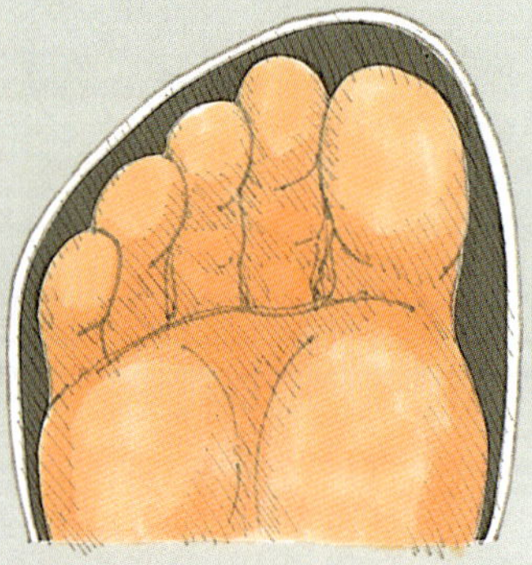

Fussgerecht eingebetteter Vorfuss.
Der Fuss passt sich dem Schuh an und lässt den Zehen ihre freie Beweglichkeit.

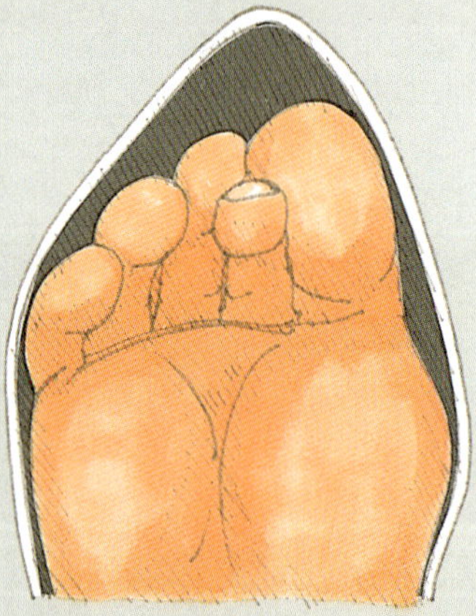

Schlechte Schuhform.
Der Spitzschuh presst die Zehen zusammen, verhindert ihre Bewegung und begünstigt damit das Auftreten von Fussschmerzen, Zehen- und Fussdeformitäten.

Fussdeformitäten
Ursache der meisten Fussdeformitäten ist eine vererbte Veranlagung. Falsche Schuhe, Übergewicht und häufiges Stehen und Gehen auf harten Böden können die Entstehung der Fussdeformität fördern.

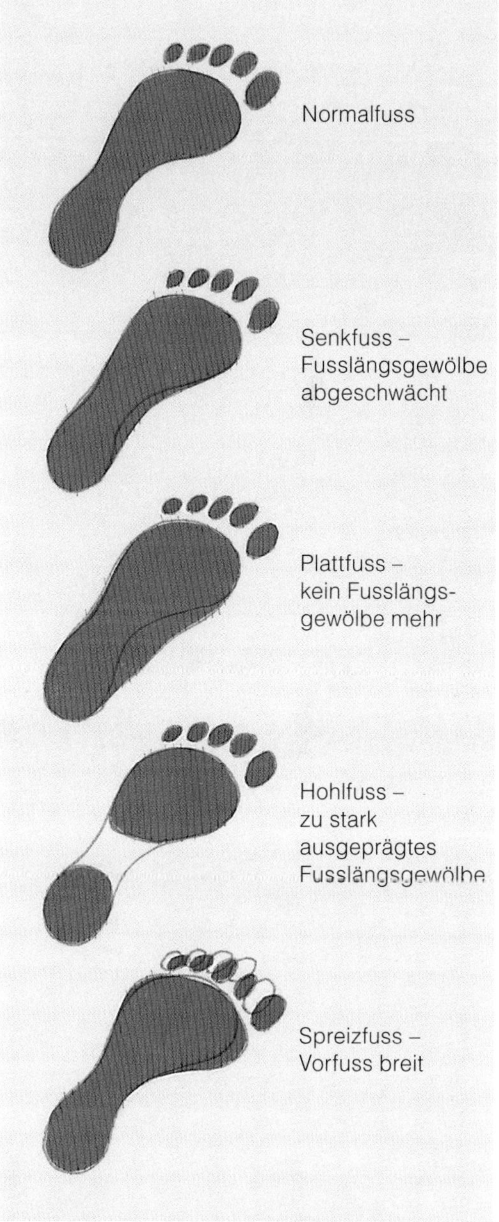

In der normalen Entwicklung macht jedes Kind (zwischen zwei und acht Jahren) eine mehr oder weniger ausgeprägte Fussdeformierung (Knick-Senkfuss) durch. Die Natur muss die richtige Fussform suchen, und es ist falsch, wenn dieser Vorgang durch sinnloses Einlegen oder unnötige Fussstützen gestört wird. Auch zur Vorbeugung der Entstehung einer Fussdeformität sind Einlagen in keinem Lebensalter angebracht. Wichtige Voraussetzung für gesunde Füsse sind fussgerechte Schuhe. Einlagen können aber bei Fussbeschwerden sehr nützlich sein.

Das Körpergewicht ist anatomisch richtig verteilt, dadurch wird Fussdeformitäten vorgebeugt.

Überbelastung des Vorfusses. Bei entsprechender Veranlagung kann ein schmerzhafter Spreizfuss entstehen mit Zehendeformierungen, Schwielen und Hühneraugenbildung.

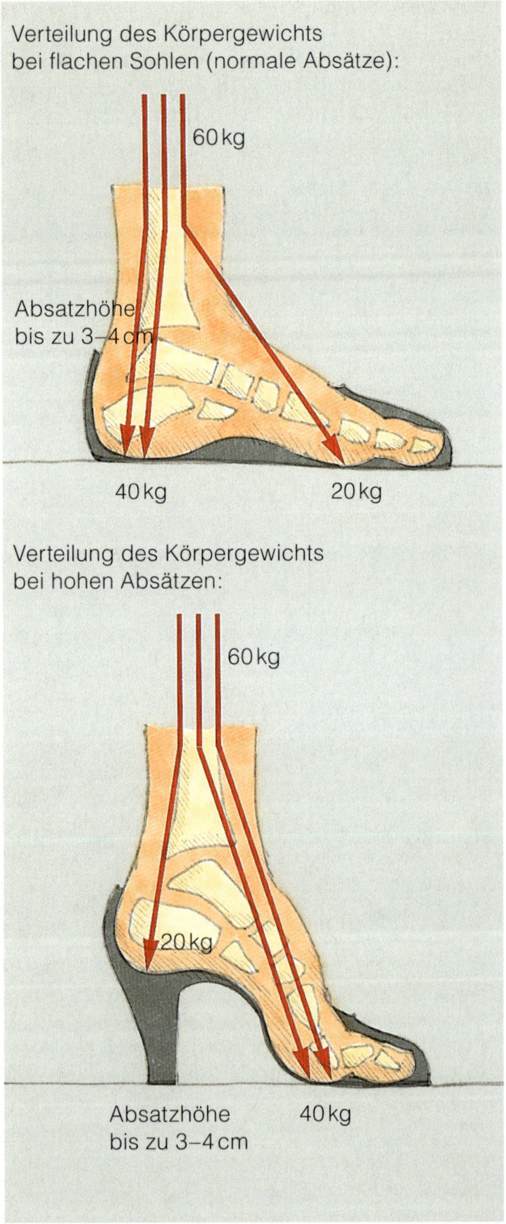

Tipps zur Schuhpflege

Schuhpflege/Schuhreinigung
Schuhe brauchen regelmässige und gründliche Pflege.

Vor dem ersten Gebrauch gründlich imprägnieren. Dadurch werden die Oberflächen geschützt (Leder, Stoff). Sie sind:
- wasserabstossend
- weniger schmutzempfindlich
- leichter zu reinigen

Tipps
Stark verschmutzte Schuhe waschen
- Sohle nicht vergessen
- Nasse Schuhe mit Zeitungen ausstopfen
- Vor dem Eincremen gelegentlich imprägnieren
- Schuhspanner verwenden
- Beim Anziehen Schuhlöffel verwenden
- Beim Ausziehen Verschluss öffnen
- Schuhe nach Möglichkeit öfter wechseln
  → auslüften, trocknen
- Nicht an der Heizung trocknen

Lederschuh
Entstauben, gelegentlich imprägnieren, eincremen, glänzen.

Wildlederschuh
Mit Spezialbürste oder Gummi aufrauen, eventuell mit Spray auffrischen und gelegentlich imprägnieren.

Wirtschaft, Geld, Konsum

Wie die Wirtschaft funktioniert

Aufgaben der Wirtschaft

Damit ein Mensch zufrieden leben kann, sollten seine Existenz- und Zusatzbedürfnisse abgedeckt werden.

Die Wirtschaft deckt diese Bedürfnisse ab, indem sie uns Arbeitsplätze, Güter und Dienstleistungen (zum Beispiel Handel, SBB, Banken, Versicherungen) anbietet.

Die Wirtschaft ist für die Gewinnung, Verarbeitung und Verteilung der Güter verantwortlich.

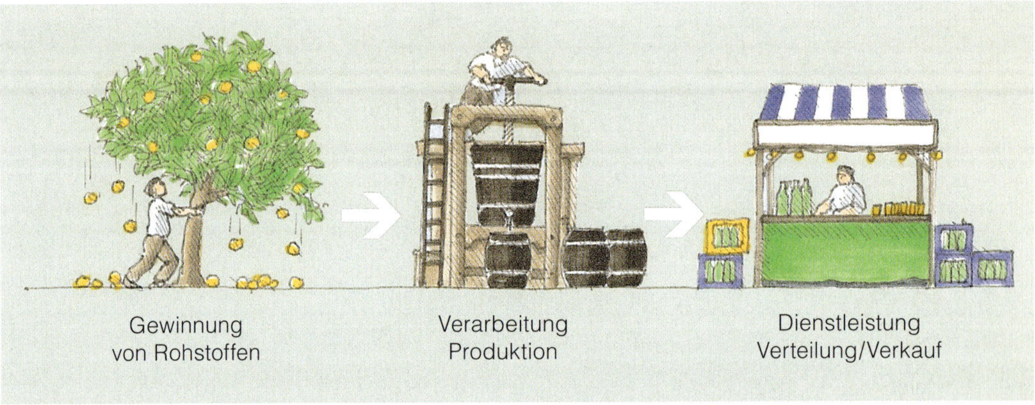

Die Rohstoffe werden verarbeitet und in die Geschäfte verteilt. Dort kann sie der Konsument gegen Bezahlung beziehen.

Einfacher Wirtschaftskreislauf

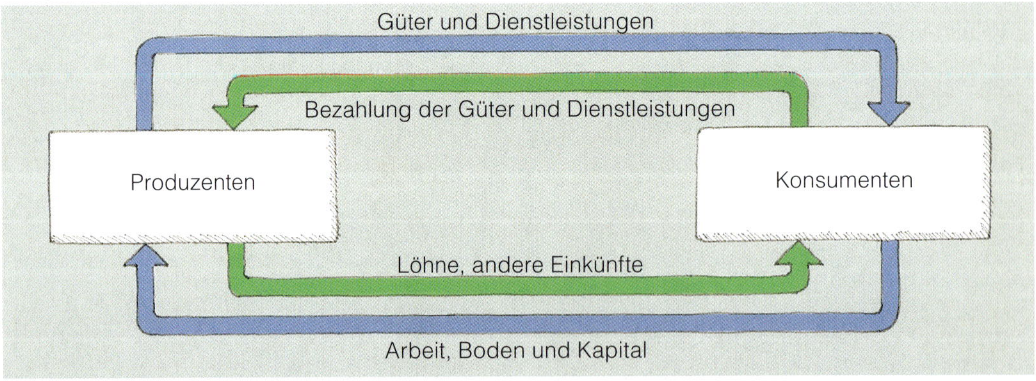

Von der Rohstoffgewinnung bis zur Verteilung bewegt sich über Fabriken und Geschäfte ein dauernder Güterstrom; in entgegengesetzter Richtung fliesst ein Geldstrom.

Produktion und Konsum
Fabriken, Geschäfte und Betriebe, die Güter und Dienstleistungen produzieren, werden Produzenten genannt. Sie stellen dem Konsumenten ihre Güter und Dienstleistungen nur gegen entsprechende Entschädigung zur Verfügung.

Der Kauf eines Gutes zum Verbrauch und die Beanspruchung einer Dienstleistung heisst Konsum. Dieser erfolgt durch private Haushalte, das heisst durch die Konsumenten. Der einzelne Konsument ist ein Teil der gesamten Wirtschaft, der als Verbraucher von Gütern und Dienstleistungen auftritt und im Wirtschaftskreislauf eine wichtige Rolle spielt.

Leistung und Gegenleistung
Der Konsument kauft Güter und Dienstleistungen gegen Geld. Das Geld verdient er mehrheitlich als Lohn für seine Arbeit.

Produktionsfaktoren
Zur Produktion eines Gutes braucht es menschliche Fähigkeiten, Rohstoffe und Maschinen.

Oder anders ausgedrückt: es braucht

Arbeit – Boden – Kapital

Arbeit → Fähigkeit des Menschen
Boden → Boden, Rohstoffe, Nahrungsquellen
Kapital → Maschinen, Fabriken

Die Wirtschaft ist auf das Zusammenwirken dieser drei Faktoren angewiesen.

Löhne, Einkünfte
Für die Benutzung der Produktionsfaktoren müssen die Produzenten eine Entschädigung entrichten, zum Beispiel
- Löhne für die Arbeit
- Zinsen für das Zurverfügungstellen von Ersparnissen und Krediten
- Pachtzins für die Benützung landwirtschaftlichen Bodens

Produzenten und Konsumenten sind folglich eng miteinander verknüpft und voneinander abhängig.

Die Wirtschaft befindet sich im Gleichgewicht, wenn Güterstrom und Geldstrom gleich gross sind.

Ist der Güterstrom zu klein (mehr Geld als Güter), steigen die Preise → *Inflation.*

Ist der Güterstrom zu gross (mehr Güter als Geld), sinken die Preise → *Deflation.*

Wie Preise gemacht werden

Konsumenten und Produzenten verfolgen eigene Marktinteressen.

Nachfrage → *Kaufbereitschaft*
Der Konsument ist bestrebt, eine bestimmte Menge eines Gutes zu einem bestimmten Preis zu kaufen, das heisst, mit seinem Geld einen hohen Nutzen zu erzielen. Er ist daher an tiefen Preisen interessiert.

- Je höher der Preis, desto kleiner die Nachfrage.
- Je tiefer der Preis, desto grösser die Nachfrage.

Angebot → *Verkaufsbereitschaft*
Der Produzent verfolgt niedere Produktionskosten. Sein Ziel ist es, einen Gewinn zu erwirtschaften. Er ist daher interessiert, für seine Produkte am Markt einen möglichst hohen Preis zu erzielen.

- Je höher der Preis, desto grösser das Angebot.
- Je tiefer der Preis, desto kleiner das Angebot.

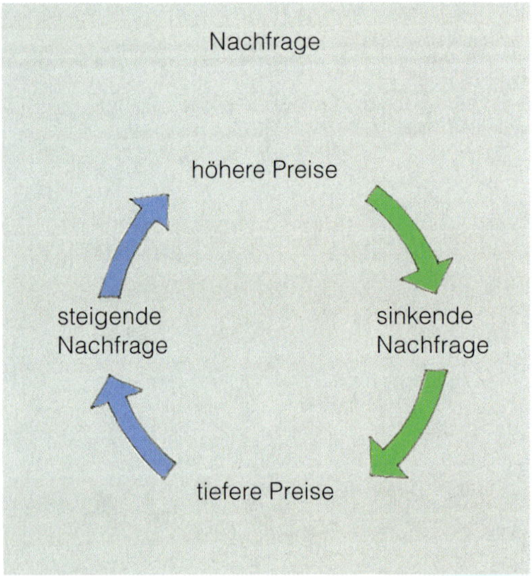

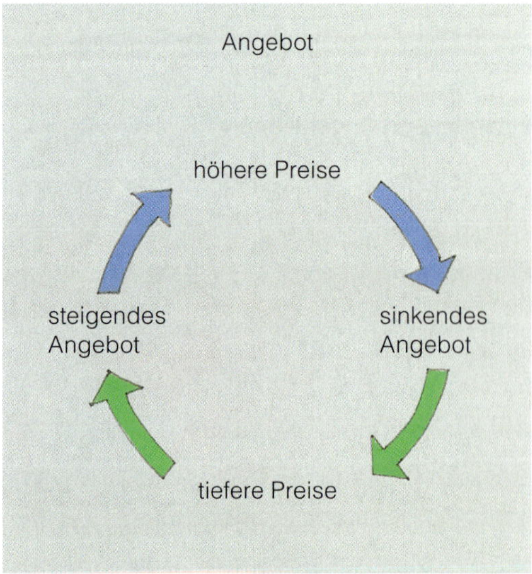

Die wichtigste Aufgabe des Preises ist es, Angebot und Nachfrage einander anzugleichen.

Budgetbeispiele

Vorteile des Budgets

- Abstimmung von Bedürfnissen und vorhandenem Geld
- Setzen von Prioritäten
- Übersicht und Kontrolle der Einnahmen und Ausgaben
- Einplanen von Ersparnissen
- Geringere Anfälligkeit für Spontankäufe
- Vermehrte Sicherheit

Budgetbeispiel für eine allein stehende Person

Monatslohn netto in Fr. 13. Monatslohn, allf. Gratifikation sind in diesem Betrag nicht eingeschlossen (Stand 2005)	3000.–	4000.–
Feste Verpflichtungen		
– Miete/Heizung/Nebenkosten	700.–	950.–
– Elektrisch/Gas	30.–	40.–
– Telefon/Radio/Fernsehen	80.–	100.–
– Steuern/direkte Bundessteuer	370.–	500.–
– Krankenkasse	110.–	180.–
– Versicherungen	20.–	50.–
– Fahrspesen	40.–	60.–
– Beiträge/Zeitungen/Zeitschriften	30.–	50.–
Haushaltungsgeld		
– Nahrung (teilweise auswärts)*	550.–	600.–
– Nebenkosten**	60.–	80.–
Taschengeld		
– Freizeit/Vergnügen/Geschenke	250.–	310.–
Rückstellungen		
– Zahnarzt/Arzt-Selbstbehalt	30.–	80.–
– Kleider/Wäsche/Schuhe	150.–	250.–
– Reserve/Unvorhergesehenes	100.–	200.–
– Ferien/Sparen/Lebensversicherung/Auto***	480.–	550.–
	3000.–	4000.–

* Nahrung ohne alkoholische Getränke, Gäste und Haustiere

** Nebenkosten = Wasch- und Putzmittel, Waschstrom, Drogerie, Körperpflege, Kleiderpflege, kleine Haushaltanschaffungen, Porti, Spenden

*** Betriebskosten für Autos ab Fr. 350.–

Vorschlag zur Einteilung des Lehrlingslohnes

Nettoeinkommen pro Monat in Fr. ohne 13. Monatslohn/Gratifikation	800.–
Feste Verpflichtungen	
– Krankenkasse (Grundversicherung)*	70.–
– Fahrkosten (öffentlicher Verkehr/Mofa/Velo)	70.–
Persönliche Auslagen	
– Taschengeld (Freizeit/Kultur/Sport/Handy)	200.–
– Kleider/Wäsche/Schuhe	90.–
– Coiffeur/Körperpflege	40.–
– Schulmaterial (ohne Lehrmittel)	20.–
Rückstellungen	
– Franchise/Arzt/Zahnarzt/Optiker	0.–
– Steuern**	0.–
– Sparen (Ferien/Autofahrstunden/usw.)	160.–
Verfügbarer Betrag für	
– Auswärtige Verpflegung*** und/oder Haushaltbeitrag	150.–

* Erhöhte Prämie ab 18 Jahren
Prämienverbilligung nicht berücksichtigt

** Die Steuerpflicht des Lehrlings richtet sich nach der Steuergesetzgebung seines Wohnkantons

*** Berufsbedingte auswärtige Verpflegung Fr. 8.– bis Fr. 12.– pro Mahlzeit

ZGB Zivilgesetzbuch Art. 323 «Kindsrecht»
«Was das Kind durch eigene Arbeit erwirbt und was es von den Eltern aus seinem Vermögen zur Ausübung eines Berufs oder eines eigenen Gewerbes herausbekommt, steht unter seiner Verwaltung und Nutzung.

Lebt das Kind mit den Eltern in häuslicher Gemeinschaft, so können sie verlangen, dass es einen angemessenen Beitrag an seinen Unterhalt leistet.»

Kostgeldberechnungen für Jugendliche

A. Nur Selbstkosten	pro Tag	pro Monat
Mahlzeiten		
– Frühstück	2.00	60.–
– Mittagessen/Hauptmahlzeit	6.50	195.–
– Abendessen	4.50	135.–
Wohnkosten		
– Zimmer		300.–
– Nebenkosten**		100.–
Wäsche		
– Selbstkosten		20.–
		810.–

B. Mit Arbeitsentschädigungsanteil (Fr. 20.–/Std.)	pro Tag	pro Monat
Mahlzeiten		
– Frühstück	3.50	105.–
– Mittagessen/Hauptmahlzeit	11.50	345.–
– Abendessen	8.50	255.–
Wohnkosten		
– Zimmer		300.–
– Nebenkosten**		100.–
– Reinigungsarbeiten		250.–
Wäsche		
– Selbstkosten/Waschen und Bügeln		140.–
		1495.–

* ohne alkoholische Getränke und Zwischenverpflegungen

** Nebenkosten = Elektrizität, Heizung, Gebühren (Telefon, Fernsehen, Radio, Entsorgung), Hausratversicherung, allg. Toilettenartikel, Putzmittel

Kontrolle hilft vor Überschuldung

Das Festhalten von Einnahmen und Ausgaben schafft Grundlagen für ein Budget. Gewissenhafte Einträge ermöglichen eine Kontrolle und helfen mit, Fehlbudgetierungen aufzudecken.

Kassabuchbeispiel für einen Lehrling

Datum	Einnahmen	Betrag	Ausgaben	Betrag	Saldo
01.03.	Saldo	250.00			250.00
01.03.	Lohn März	800.00			1050.00
02.03.			Haushaltbeitr.	100.00	950.00
08.03.			Schulmaterial	20.00	930.00
11.03.			Ausw. Essen	25.00	905.00
11.03.			Turnschuhe	90.00	815.00
15.03.			Krankenkasse	70.00	745.00
15.03.			auf Sparkonto	160.00	585.00
18.03.	Geld Grossv.	50.00			635.00
20.03.			Coiffeur	40.00	595.00
21.03.			Ausgang	50.00	545.00
24.03.			Ausw. Essen	25.00	520.00
28.03.			Handy-Rechn.	120.00	400.00
29.03.			Monats-Abo	70.00	330.00
31.03.	Gartenarbeit	30.00			360.00
31.03			Geschenk Tina	30.00	330.00
	Total:	1130.00	Total:	800.00	
				Saldo:	330.00

Werbung

Aufgaben der Werbung
Werbung schafft Übersicht über Güter und Dienstleistungen, sie stellt die Verbindung von Angebot und Nachfrage her und beeinflusst den Kaufentscheid.
- Sie hilft dem *Produzenten*, seine Produkte anzupreisen und zu verkaufen.
- Sie hilft dem *Konsumenten*, sich über die vorhandenen Produkte zu informieren.

Womit arbeitet die Werbung?
Die Werbung arbeitet mit verschiedenen Mitteln und Möglichkeiten.

Sprache: Texte, Reime, Sprüche
Bilder: Farbe, Gestaltung
Ton: Hintergrundmusik, gesungene Texte, Geräuschkulisse
Licht: Helligkeit, Intensität

Das älteste Mittel der Werbung ist die Sprache. Im Lauf der Jahre kamen die unbeweglichen und beweglichen Werbebilder, die Filme, dazu. Die Werbung wurde immer wirkungsvoller und raffinierter.

Der Käufer soll durch Sprache, Bild, Ton und Licht aufmerksam gemacht werden. Er soll nicht unbeteiligt bleiben und vorübergehen. Er soll hinschauen, er soll hinhören, er soll kaufen.

Werbeträger, Werbemittel sind
- Waren selber
- Präsentation
- Plakate
- Inserate
- Prospekte
- Zeitungen
- Kataloge
- Kleber
- TV, Kino
- Radio
- Internet
- Degustationen
- Dekorationen
- Aktionen
- Ausverkäufe Wettbewerbe
- Verpackungen
- Sonderangebote
- Licht- und Leuchtreklamen
- Mund-zu-Mund-Propaganda
- Verwendung von Schutzmarken und Gütezeichen usw.

Arten der Werbung
Es gibt verschiedene Arten von Werbung.

- Werbung mit nützlicher Information
  → sachliche Werbung
- Werbung mit leeren Versprechungen
  → Verführung/Täuschung
- Werbung mit Information und Versprechungen
  → gemischte Werbung

Sachliche Werbung enthält
viel → *INFORMATION* = Werbung mit nützlicher Aussage.

Informationswerbung
Die Informationswerbung informiert den Konsumenten genauestens über ein bestimmtes Produkt (zum Beispiel Anwendungsbereich, Preis- und Gewichtsangaben).

Diese Aussagen helfen eher mit, das zu kaufen, was den Vorstellungen entspricht, und zwingen den Konsumenten zum Nachdenken und Entscheiden.

Verführerische, täuschende Werbung enthält
viel → *SUGGESTION* = Werbung mit leerer Aussage.

Suggestionswerbung
Die suggestive Werbung sagt wenig oder nichts über das Produkt aus. Sie spricht die Gefühle an und will den Konsumenten zum Kauf verführen. So wird ein Kaufentscheid gefällt, der nicht den Vorstellungen entspricht, auch können neue Wünsche geweckt werden.

Der Konsument muss sich bewusst sein, dass er seine Kaufentscheide selber fällt und dass durch die dauernde Werbebeeinflussung seine Kaufbereitschaft gefördert wird.

Konsumenteninformation und -schutz

Die Werbebranche arbeitet mit grossem Aufwand. Das Ziel jedes Produzenten und Verkäufers ist es, seinen Marktanteil sicherzustellen.

Durch das riesige Angebot an Gütern und Dienstleistungen wird der Markt schwer überschaubar, und der Konsument ist dadurch oft verunsichert.

Mangelndes Qualitätsbewusstsein und fehlende Sachkenntnisse tragen zur Überforderung des Konsumenten bei.

Konsumentenschutz und Konsumentenschulung sind wertvolle Hilfen und dringend notwendig.

Ziele und Aufgaben der Konsumentenorganisationen

- Die Konsumenten objektiv zu informieren
- Den Markt zu überwachen
- Einen von Wirtschaftsinteressen unbeeinflussten Konsumentenstandpunkt zu vertreten
- Der Teuerung entgegenzuwirken
- Missbräuche zu bekämpfen
- Die Konsumenten zu bewusstem Konsumverhalten zu schulen

Eingesetzte Mittel

- Publikationen
- Konsumentenzeitschriften
- Broschüren
- Informationstagungen
- Tests/Markterhebungen
- Beratungsstellen
- Umfragen
- Vorträge
- Vernehmlassungen zu eidgenössischen Vorlagen
- Stellungnahmen

Wichtigste Kontaktadressen finden Sie unter: www.lehrmittelverlag.com

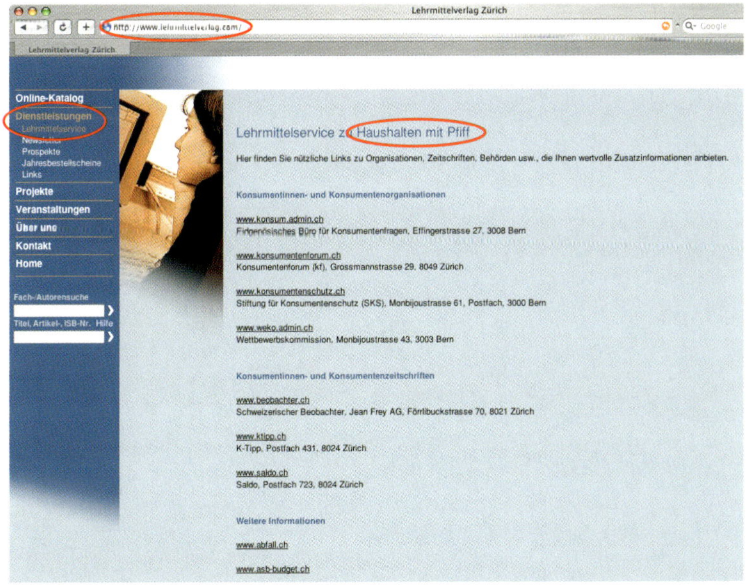

→ Dienstleistungen

→ Lehrmittelservice

→ Haushalten mit Pfiff

Einkaufsüberlegungen

Bei jedem Einkauf sollten folgende Überlegungen gemacht werden:
- Bedürfnisse abklären
- Informationen einholen
- Umweltbelastung überprüfen
- Einkaufsmöglichkeiten überlegen
- Anforderungsliste aufstellen
- Zahlungsmöglichkeiten abklären

Je nach Produkt fallen die Überlegungen verschieden stark ins Gewicht, zum Beispiel Einkaufsüberlegungen für Schokoladestengel, Motorfahrrad.

Bedürfnis abklären
- Brauche ich, was ich kaufe, oder kaufe ich, was ich brauche
- Persönliche Gewohnheiten kennen lernen und überdenken

Informationen einholen
- Fachgeschäfte
- Schaufenster
- Zeitungen, Prospekte, Fachhefte
- Warentests der Konsumentenorganisationen
- Verpackungen
- Signete, Gütezeichen
- Internet

Umweltbelastung überprüfen
- Herstellung (Rohstoffe und Energie)
- Gebrauch (Energieeffizienz)
- Beseitigung (Wiederverwertung)

Einkaufsmöglichkeiten überlegen
- Quartierladen, Warenhaus, Fachgeschäft, Discount, Supermarkt
- Markt, Strassenverkauf
- Katalog → Postversand
- Internet
- Türverkauf
- Hauslieferdienst
- Direktkauf beim Produzenten
- Verkaufswagen
- Carfahrten, Vorträge, unbestellte Warensendungen, Verkauf durchs Telefon, private Partys

Anforderungsliste aufstellen
Je nach Produkt werden verschiedene Beurteilungspunkte zusammengetragen. Für die meisten Produkte gelten:
- Verwendung/Einsatz
- Unterhalt/Reinigung
- Form, Aussehen
- Handhabung
- Preis, Garantie

Weitere Überlegungen
- Qualität (Material, Herstellungsart, Strapazierfähigkeit)
- Gütezeichen/Symbole
- Kundendienst
- Herstellungsbedingungen

Zahlungsmöglichkeiten abklären
Wie viel Geld will ich für das Produkt ausgeben? Die budgetierte Ausgabe sollte nicht überschritten werden.

Direktzahlung:
- Bargeld
- Kreditkarte
- Bankcheck
- Postcheck

Abzahlung:
- Anzahlung – Restbetrag
- Monatliche Ratenzahlungen mit Zuschlag

Vorauszahlung:
- Sparvertrag
- der Kunde hat ein Konto bei einem Geschäft → kaufverpflichtend und nicht kündbar oder nur mit 10 bis 35% Verlust.

Leasing
- Vermietung von Gütern (Auto, Fernsehgerät, Computer …)

Das Ganze wird in der Regel durch eine Leasing-Gesellschaft finanziert. Die Bedingungen werden in einem Leasingvertrag geregelt (Höhe der Raten, Wartungspflichten, Vertragsdauer, eventuell Anrechnung der Mietzahlungen bei späterem Kauf …).

Bedeutung bekannter Schlagwörter

Aktion: Vorübergehende Preisreduktion, Restposten, Überangebot.

Aktuell: Saisonbedingt, in der Regel keine Preisreduktion.

Sonderangebot: Zeitlich begrenzte Preisreduktion, Konsument soll sofort kaufen.

Sonderverkauf: Spezielle Herstellung der Ware ist erlaubt. In der Regel kein Umtausch.

Teil- und Totalausverkauf: Lagerräumung oder Liquidation. In der Regel kein Umtausch.

Schlagerpreis: Moderner Ausdruck für Aktion, es kann nicht mehr billiger sein.

Einführungsangebot: Ein neues Produkt wird mit einem tiefen Preis schmackhaft gemacht.

3 für 2: Überangebot, «Lockvogel», Mengenrabatt.

Merke:

Die Verkaufspsychologie will mit allen möglichen Tricks dazu verleiten, mehr zu kaufen, als eigentlich gebraucht wird, zum Beispiel:

- grosse Einkaufswagen werden allzu gerne vollgeladen
- leise Musik und einschmeichelnde Lautsprechertexte regen zum Kaufen an
- Waren auf Augenhöhe sind «griffbereit» aufgestellt → Kaufgefahr
- wiederholt aufgebaute Waren verleiten zum Kauf
- kleinen «Verführern» an den Kassen widerstehen
- aufwändige Verpackungen (Mogelpackungen) locken zum Kauf
- zuhinterst im Laden angeordnete Frischprodukte zwingen, das ganze Warensortiment zu beachten

Überlegungen

- Einkaufsliste erstellen
- Grosspackungen nur dann wählen, wenn Verwendung dafür da ist
- Wenn Verpackung nötig, auf hygienisches und umweltfreundliches Material achten
- Verpackung wenn möglich wiederverwenden
- Deklarationen beachten
- Produktionsweise, Herstellungsart überprüfen
- Die dem Produkt entsprechende Lagerungsmöglichkeit beachten
- Menge der Haushaltgrösse anpassen
- Gesundheitliche Grundlagen berücksichtigen
- Für Nahrungsmittel:
  Saisonbewusst einkaufen
  Frische und natürliche Produkte bevorzugen
  Nicht mit leerem Magen einkaufen

Augen und Ohren offen halten – kritisch einkaufen.

Sachwortregister Fachteil

Quellenverzeichnis

Buchtitel	Verlag	Autor
Anleitung zum Bügeln	Schweiz. Arbeitsgemeinschaft für hausw. Bildungs- und Berufsfragen, Zürich	
Blumenschmuck, Blumendekoration	Buch-Vertriebsgesellschaft, Zürich	F. Loipenberger, K. Walter
Familienarbeit macht kompetent	Beobachter Verlag	
Flecken, Fleckenentfernung	«Die Frauenschule» 10/1983	
Haushalt heute Handbuch für die moderne Haushaltführung	Lexika-Verlag, Weil	G. Schwerdtfeger
Haushaltrad Der Haushalt und seine Aufgaben Für Molton und Klettentafel	Schubiger-Verlag, Winterthur	
Haushaltführung	Ulmer-Verlag, Stuttgart	R. von Schweitzer
Haushaltstechnologie	F.Kiel-Verlag, Ludwigshafen	W. Federsel
Hauswirtschaft nach Lernfeldern	Verlag Dr. Felix Büchner	D. Simpfendörfer
Hydrokultur	Hallwag-Verlag, Bern	G. Baumann
Leben im Haushalt	Dr. Felix Büchner, Verlag Handwerk und Technik, Hamburg	B. Busse
Orientteppiche	Silva-Verlag, Zürich	S. Milhofer
Physiologische Arbeitsplatzgestaltung Leitfaden der Ergonomie	Ott-Verlag, Thun	E. Grandjean
Sag's mit Blumen	Falken-Verlag, Niedernhausen	P. Möhring
Sich informieren, entscheiden, handeln	Schroedel-Verlag, Hannover	Autorenteam
Spielregeln für Wohner	AT-Verlag, Aarau	J. Tempelmann
Textile Materialkunde	Schul- und Büromaterialverwaltung der Stadt Zürich	Autorenteam
Tiefkühlen	Schweiz.Tiefkühlinstitut, Zürich	
Waschen und Umwelt	Sondernummer «Prüf mit», Sept. 1984	
Werkstofflehre für die Hauswirtschaft	H.Stam-Verlag, Köln	Autorenteam

Weitere Informationsstellen
Arbeitsgemeinschaft der Schweiz. Budgetberatungsstellen, Gretzenbach
BFU, Beratungsstelle für Unfallverhütung, Bern
Dokumentation Wohnen, Zürich
Gaswerk der Stadt Zürich
INFEL, Informationsstelle für Elektrizitätsanwendung, Zürich
SARTEX, Schweiz. Arbeitsgemeinschaft für Textilkennzeichnung, Zürich
SUVA, Schweiz. Unfallversicherungsanstalt, Luzern